O CAMPO GRUPAL

Ana María Fernández

O CAMPO GRUPAL
Notas para uma genealogia

Prólogo de ARMANDO BAULEO

Tradução CLAUDIA BERLINER

Martins Fontes
São Paulo   2006

Esta obra foi publicada originalmente em espanhol com o título
EL CAMPO GRUPAL. NOTAS PARA UNA GENEALOGÍA
por Ediciones Nueva Visión S.A.I.C.
Copyright © 1986 por Ediciones Nueva Visión S.A.I.C., Buenos Aires.
Copyright © 2006, Livraria Martins Fontes Editora Ltda.,
São Paulo, para a presente edição.

1ª edição 2006

Tradução
CLAUDIA BERLINER

Acompanhamento editorial
Luzia Aparecida dos Santos
Revisões gráficas
Célia Regina Camargo
Solange Martins
Dinarte Zorzanelli da Silva
Produção gráfica
Geraldo Alves
Paginação
Moacir Katsumi Matsusaki

Dados Internacionais de Catalogação na Publicação (CIP)
(Câmara Brasileira do Livro, SP, Brasil)

Fernández, Ana María
    O campo grupal : notas para uma genealogia / Ana María
Fernández ; prólogo de Armando Bauleo ; tradução Claudia
Berliner. – São Paulo : Martins Fontes, 2006. – (Psicologia e
pedagogia)

    Título original: El campo grupal : notas para una genealogía.
    ISBN 85-336-2275-9

    1. Dinâmica de grupo 2. Grupos sociais 3. Psicanálise de
grupo 4. Psicoterapia de grupo I. Bauleo, Armando. II. Título. III. Série.

06-1946   CDD-302.3

Índices para catálogo sistemático:
1. Campo grupal : Psicologia social   302.3

Todos os direitos desta edição para a língua portuguesa reservados à
Livraria Martins Fontes Editora Ltda.
Rua Conselheiro Ramalho, 330 01325-000 São Paulo SP Brasil
Tel. (11) 3241.3677 Fax (11) 3101.1042
e-mail: info@martinsfontes.com.br http://www.martinsfontes.com.br

Índice

Apresentação da edição brasileira   XI
Introdução   XVII
Prólogo de alguém que foi incluído como leitor no texto "O campo grupal: notas para uma genealogia"   XIX

Introdução

A. Para uma elucidação crítica do campo grupal   **1**
B. Uma maneira de ler, uma maneira de pensar   **7**
C. Os três momentos epistêmicos   **11**

Capítulo I
O vocábulo grupo e seu campo semântico   **17**

A. Produção histórica do vocábulo grupo   **17**
B. Linhas de significação   **19**
C. Referentes etimológicos   **21**
D. Primeiras pontuações antes de avançar   **26**

Capítulo II
O singular e o coletivo **29**

A. Antinomia indivíduo-sociedade **29**
B. Espaços **32**
C. A relação grupo-sociedade **49**
D. A categoria de intermediário **52**
E. Problema epistêmico **57**

Capítulo III
A demanda pelos grupos **61**

A. A ilusão das origens **61**
B. A dinâmica de grupo **64**
C. Critérios epistêmicos de Kurt Lewin **69**
D. Primeiro momento epistêmico: o todo é mais
que a soma das partes **73**
E. Análise da demanda **77**
F. O nascimento do grupal **86**

Capítulo IV
Para uma clínica grupal **91**

A. Primeiros dispositivos grupais terapêuticos **91**
B. Aplicações iniciais da psicanálise aos grupos **98**
C. O todo não é tudo **102**
D. Do líder ao oráculo **114**

Capítulo V
O segundo momento epistêmico **117**

A. Certa especificidade grupal (A noção de
pressupostos básicos) **117**

B. O segundo momento epistêmico: os organizadores grupais **125**

C. O pedido feito a Bion e sua produção teórica **127**

Capítulo VI
Os organizadores fantasmáticos **133**

A. Rumo à enunciabilidade dos organizadores fantasmáticos **133**

B. Problemas de demarcação **144**

C. Terceiro momento epistêmico: o esgotamento do objeto discreto **159**

Capítulo VII
O nó grupal **165**

A. O grupal como campo de problemáticas **165**

B. Um número numerável de pessoas (corpos discerníveis) **173**

C. A relação texto-contexto grupal **181**

D. A latência grupal **190**

E. Lugar do coordenador **195**

F. A dimensão institucional dos grupos **198**

G. Alguns impensáveis **205**

Adendo
O campo grupal: cura e imaginário social **217**

Para Nicolás, Emilia e Francisco,
meus filhos

Apresentação da edição brasileira

Apresentar este trabalho de Ana María Fernández para o público brasileiro faz parte de um velho sonho e de um projeto de futuro. Como em geral costuma acontecer, no melhor dos casos o futuro nasce do sonho passado.

Um velho sonho que foi o de poder contribuir para fortalecer a antiga ponte de trabalho e pensamento existente entre dois espaços muito próximos – Argentina e Brasil –, não somente em termos geográficos, mas também por obra de uma história que os une em problemáticas similares, na busca de formas de resolução de enormes desafios sociais e culturais que oferecem um campo fértil para a produção de efeitos inéditos e transformadores.

A Saúde Mental tem sido um espaço privilegiado para esse processo de troca: uma longa história cujos primórdios remontam às décadas de 40 e 50, com a formação de psicanalistas cariocas na APA (Associação

Psicanalítica Argentina), a influência no meio psicanalítico da assim chamada "primeira geração de argentinos", os Congressos Latino-americanos de Saúde Mental dos anos 1954 e 1956, realizados no Rio de Janeiro e em Buenos Aires, e tantas outras iniciativas que demonstram uma construção permanente e fecunda.

Dentro dessa história seria necessário recortar dois momentos particulares:

- um deles, nas décadas de 60 e 70, o período da difusão de uma produção cardinal dentro da Psicologia Social, que deixa uma profunda marca no panorama da Saúde Mental, tanto argentina quanto brasileira. A obra de Enrique Pichón-Rivière funda em nossos países o campo do pensamento grupal, recolhendo em sua construção os aportes mais importantes produzidos na época. Pichón se apropria de diversos autores para constituir uma teoria que se fundamenta na clínica psicanalítica e constrói uma operativa inédita, que serve de sustentação até hoje para as iniciativas institucionais e sociais.
- o segundo momento acontece com a chegada no Brasil da "segunda geração de argentinos". Diferentemente da primeira geração, que tem um viés formativo e profissionalizante, essa geração é produto do exílio gerado pela ditadura militar que assola a Argentina e traz em seu bojo a experiência de participação nos movimentos de saúde mental e de diversas produções *psi* de cunho social.

Apresentação da edição brasileira

Ana María Fernández faz parte dessa linhagem que se espalhou pelo mundo levando as marcas de sua filiação: a psicanálise, o estudo dos grupos, o trabalho em instituições, as marcas, enfim, de uma trajetória que reconhece em Pichón-Rivière sua origem mítica, mas que se desdobra em inúmeras produções e instituições que pensam o social e o sujeito de forma indissolúvel. No caso particular de Ana María, nela se somam uma formação em Psicodrama e um sólido conhecimento na área da Análise Institucional.

Na cátedra de Teoria e Técnica de Grupos I da Universidade de Buenos Aires, fica a ela reservada a difícil tarefa de fazer sobreviver esse pensamento numa época pouco propícia para tal. Época de soberania da sociedade de mercado e de consumo, com os conseqüentes efeitos de devastação das tramas vinculares, reclusão individualista, crescentes vivências de desamparo e privatização do sofrimento psíquico.

Fruto desse esforço, este livro, por meio de uma viagem rigorosa e clara, cartografa o complexo panorama do pensamento grupal contemporâneo.

Mas também trata de nos oferecer uma perspectiva metodológica, que é tributária da obra de Michel Foucault, de Castoriadis, Deleuze e outros pensadores da delicada imanência do sujeito e do *socius*. A elucidação crítica nos ajuda a compreender a gênese histórica e política das idéias, desconstruindo a historiografia e abrindo caminho para uma visão dialética e lúcida da história.

O grupo, como objeto privilegiado dessa trajetória, já não aparece como espaço ilhado das suas determinações histórico-sociais, e sim como espaço estratégico de expressão dos imaginários sociais que o atravessam e constituem, laboratório onde eles tanto se repetem quanto se transformam em potência instituinte...

Por isso e por outras tantas riquíssimas conceituações é que este livro é uma valiosa ferramenta para o momento atual, em que a dimensão das práticas grupais volta a vicejar em nosso meio. Entendemos que as políticas públicas no Brasil, e particularmente nos campos da saúde mental, da educação e da ação social, encontram no trabalho grupal um instrumento ímpar para sua implementação e crescimento.

Através de nossa prática de docência e supervisão de trabalhos institucionais, podemos constatar que tão grande quanto a necessidade de desenvolver ferramentas próprias aos afazeres das instituições é o déficit de formação dos seus agentes. Esse déficit nada mais é que um efeito a mais da privatização dos bens públicos, em detrimento de políticas de formação dos profissionais que atuam nas instituições públicas, condenados a práticas pouco valorizadas e pouco legitimadas, com resultados devastadores de ineficácia, precariedade e desqualificação social.

Ainda que haja uma utilização crescente do dispositivo grupal nas instituições públicas de saúde, o modo acrítico, espontaneísta ou reduzido à mera dimensão técnica – desprovida das considerações e problematizações ético-teórico-políticas que o atravessam – como ele é implementado não contribui para que o grupo se constitua como dispositivo para a promoção de cidada-

Apresentação da edição brasileira — **XV**

nia, de coletividade e de singularidade – nossa utopia no campo da saúde mental, em particular, e das ciências humanas, em geral.

Por outro lado, é importante esclarecer que a prática grupal não se limita ao espaço das instituições públicas. Longe de nós a intenção de sustentar territórios de segregação ainda comuns no nosso meio, onde persiste a valorização das práticas terapêuticas individuais, tradicionalmente destinadas a uma elite social ou intelectual e a desqualificação das práticas grupais majoritariamente usufruídas pela população. Uma longa tradição de clínica grupal nos ensinou os benefícios desse dispositivo, qualquer que seja o espaço onde este se disponha.

O texto de Ana María Fernández vem sem dúvida afiançar essa tradição e abrir novos horizontes de conhecimento, dos quais esperamos que faça as vezes de honrosa porta de entrada.

Isabel V. Marazina
Ma. Cristina G. Vicentin
Stella Maris Chebli

Introdução

O livro aqui apresentado tem como antecedente o trabalho original escrito na condição de postulante ao Concurso da Cátedra de Teoria e Técnica de Grupos da Faculdade de Psicologia da Universidade de Buenos Aires, realizado em 1985.

Aquela primeira produção tinha como eixo o tema solicitado no concurso: "Os grupos humanos existem? Fundamentações". Várias reelaborações transformaram aquele texto de setenta páginas no volume que hoje se oferece para publicação. Embora depois de quase três anos de trabalho reste pouco daquele primeiro texto, o atual conserva como eixo certos percursos temáticos e de autores, conseqüência do requisito acadêmico em cujo âmbito foram pensados os problemas centrais deste livro.

Um importante motor de suas diversas versões foi o diálogo com os alunos que, com suas perguntas e impressões, orientaram muitas de suas seções. Ao mesmo tempo, a discussão e a crítica da equipe docente daquela cátedra possibilitaram seu enriquecimento e aprofundamento.

Sem o estímulo desse âmbito acadêmico é provável que este livro não tivesse sido possível.

Suas páginas trazem a marca de longos diálogos com Juan Carlos de Brasi, Marcelo Percia e José Antonio Castorina. A presença deles vai muito além das citações em que são mencionados pontualmente. Também trazem o afeto e a eficiência de Mercedes López, Sandra Borakievich e Isabel Temprano, que realizaram o "invisível" trabalho de datilografia.

A todos eles, muito obrigada.

ANA MARÍA FERNÁNDEZ
Buenos Aires, dezembro de 1988.

Prólogo de alguém que foi incluído como leitor no texto "O campo grupal: notas para uma genealogia"

Concordo com Ana María Fernández, Pavlovsky, Eco etc. quando afirmam que a inclusão do leitor pode proporcionar outras extensões ou entendimentos a um texto. De qualquer modo, em um determinado momento perguntei-me se me incluíra sozinho ou se alguém tinha me empurrado. Minhas lembranças são confusas, mas essa diferenciação me pareceu inútil, sobretudo porque já me encontrava imerso na leitura do livro.

Leitura complicada, uma vez que existem pelo menos dois níveis ou linhas que me comprometem (nesse caso, incluem-me demais), tornando esta leitura mais intrincada para mim. Uma das linhas, o conteúdo do livro, polêmico, interessante; a segunda linha, o fato de conhecer Ana María e o contexto sociocultural (e profissional) argentino, e sobretudo de Buenos Aires.

Comecemos por essa segunda linha. Entendo que Ana María deva dar certos passos ou destacar certas denominações para que o contexto portenho não se encerre nos preconceitos que muitas vezes se escondem

XX *O campo grupal*

por trás da busca de "precisão" de certas noções. Observo que tem de lutar dentro de um particular contexto cultural no qual os conceitos ou as tendências continuam às vezes aglutinados às instituições. Disso resulta que o desejo de polemizar sobre alguma noção possa melindrar certos profissionais ou certas instituições.

Nosso afastamento da APA (Associación Psicoanalítica Argentina), através do grupo Plataforma, tinha como uma de suas finalidades começar a romper aquela aglutinação. Essa finalidade consistia em testar e observar se o pensamento psicanalítico podia continuar a se desenvolver fora de sua institucionalização. Não buscava promover a autodesignação nem o ritual do passe, e sim modificar a disposição das questões sobre a transmissão e situar outra atitude nessa linha ondulante que corresponde à história dos conceitos. Ou seja, não ficar imersos e agarrados no que J. C. de Brasi sintetiza em uma simpática e irônica frase: "Chega de chefes, o chefe."[1]

Em seu livro, Ana María Fernández é minuciosa, e cada passo se transforma em "dois passos para a frente, um para trás", ou seja, vai e vem em cada questão, não só como modo de encadear suas apreciações ao surgimento e história das noções, mas também para assinalar o que estas trouxeram para o campo grupal e como elas deveriam ser submetidas a uma elucidação crítica.

. . . .

1. De Brasi, J. C. "Desarrollos sobre el grupo – Formación", em *Lo Grupal 5*, Búsqueda, Buenos Aires, 1987.

Prólogo **XXI**

Essa minuciosidade aponta para duas questões: uma, metodológica, onde se realiza um apanhado dos elementos enunciados até agora no campo grupal, para em seguida analisar como foram se transformando – no melhor dos casos – ou reproduzindo – no pior –, modificando a compreensão das práticas no mencionado campo grupal. (A qualificação de melhor ou pior é por minha conta, não sei se é uma "valoração" teórica ou simplesmente emocional.) A segunda questão, no que diz respeito à minuciosidade, refere-se à luta cultural. O livro assinala a necessidade de evitar as desqualificações baseadas em imagens e preconceitos que costumam ser encontrados na base de algumas falsas alternativas (o trabalho com grupos pode ser considerado psicanálise? é legítimo realizar essa tarefa fora das Associações Psicanalíticas?). Revaloriza o papel que podem desempenhar as contradições teóricas e práticas que surgem inevitavelmente no trabalho de um campo tão contrastante como o grupal.

Entremos na primeira linha de por que a leitura era complicada. Quando disse que é um livro "interessante", não quero dizer com isso que seja particularmente belo ou atraente em sentido literário; não faz sonhar com paraísos perdidos, nem permite uma falsa complacência ou uma mera cumplicidade. É interessante ao contrário: pelas polêmicas que suscita, pelas opiniões contrastantes que estimula, pelas hipóteses que abre, pelos sentimentos que provoca. É um interesse despertado pelo desejo de uma disputa em torno dos conteúdos, das apreciações e da própria história que desenvolve. Isso faz com que esse "interessante" seja mais interessante.

Vejamos algumas problemáticas.

Um primeiro problema surge já na página 2, na qual diz: "Assim, as coisas, os discursos a respeito da grupalidade foram organizando uma incansável Torre de Babel." Na página 4: "enfatizamos uma diferenciação: *os grupos não são o grupal*; portanto, o que importa é uma teoria do que fazemos e não uma teoria do que existe [...] Como se constroem os conhecimentos sobre o grupal [e não] o que são os grupos".

Destaquei a frase da página 2 porque não sei muito bem se a palavra "grupalidade" suplanta "os grupos". Ou seja, se a frase não deveria dizer: "... os discursos a respeito dos grupos organizaram uma incansável Torre de Babel". Sempre tive dúvidas sobre a relação (ou correlação) entre grupo-grupos-campo grupal-o grupal-grupalidade.

Ainda concordando com Ana María em não comentar o que são os grupos, mas sim os conhecimentos sobre o campo grupal, gostaria de esclarecer uma certa linha de investigação que venho desenvolvendo faz mais ou menos seis anos sobre uma determinada problemática.

Levantemos uma hipótese: talvez a genealogia da grupalidade e a genealogia do campo grupal não sejam uma mesma genealogia. Enquanto a segunda reconhece um momento renascentista, no qual a palavra enunciada já poderia indicar o enxame de relações que se

Prólogo **XXIII**

estabelecem quando se organiza um conjunto de pessoas, na primeira a questão é mais espinhosa.

Na grupalidade, sua enunciabilidade é muito mais nova, poderíamos dizer que é do fim de século passado, ressurgindo depois da Segunda Guerra Mundial; mas sua história como processo, para todos os autores, perde-se na pré-história.

Desse modo, a "grupalidade" apareceria ou indicaria uma situação anterior à sociabilidade e à individualidade. O que me levou a investigar essa linha é que eu mesmo indicava o grupal como mediação ou como intermediário entre a sociedade e o indivíduo. Sobretudo porque a mediação e o intermediário apareciam ligados ao processo de transformação e mudança (p. 54 desta obra), importante em nossa perspectiva do processo grupal, difícil de imaginar e ao qual Pichon Rivière atribuía a figura da "espiral".

Então tive de pensar para a frente indo para trás. Refleti que, se Freud dizia que primeiro vinha a Psicologia Social e depois se instalava uma Psicologia Individual (_Psicologia de massas e análise do ego_), falava não só de disciplinas, mas também de processos mentais. Acreditei observar, então, que "Psicologia Social" era a maneira de dar uma denominação a uma concatenação de elementos, anteriores ao surgimento da individualidade. Pude observar que tanto em trabalhos anteriores (_Totem e Tabu_) como em suas apreciações sobre o filogenético, Freud não se afastava do que havia sintetizado naquela frase.

Isso me estimulou a pesquisar em outros autores. Um dos que mais atraem para essa questão é Pierre

XXIV _____ _O campo grupal_

Clastres[2] e seus trabalhos em Antropologia Política, os artigos que precedem o famoso manuscrito de La Boetie "A servidão voluntária", nos quais Clastres e Laforgue discutem e estabelecem a problemática relação entre o Uno e o Múltiplo. A isso se somará Badiou[3] assinalando o "dois hegeliano" como uma via de movimento na compreensão do Uno e do Múltiplo. Acrescentemos ainda os estudos sobre cultura cretense, no período minóico[4], os trabalhos sobre a passagem da oralidade para a escrita[5].

Algumas frases de Clastres para repensar aquele mundo primitivo: "Certas coisas só podem funcionar segundo o modelo primitivo quando a população é pouco numerosa. Ou, em outras palavras, para que uma sociedade seja primitiva é necessário que seja numericamente exígua".

Depois descreve esse tipo de mundo com uma economia de subsistência (outro tipo de relação entre tempo-trabalho-lazer), a divisão sexual do trabalho, "essas sociedades, sem Estado, sem escrita, sem história, são também sem mercado" (_La Società contro lo Stato_). Não gostaria de me alongar aqui nesses detalhes; desejo apenas indicar por onde mover-se na busca de dados para pensar a "situação primitiva".

· · · · · · · · ·

2. Clastres, P. _La società contro lo Stato_, Feltrinelli, Roma, 1977, e _Antropología política_, Gedisa, Barcelona, 1984 [Ed. bras.: _A sociedade contra o Estado_, São Paulo, Cosac&Naify, 2003].

3. Badiou, A. _Théorie du sujet_, Le Seuil, Paris, 1982. [Ed. bras.: _Para uma nova teoria do sujeito_, Rio de Janeiro, Relume Dumará, 1994.]

4. Faure, P. _La vita quotidiana a Creta al tempi di Minosse_, Rizzoli, Milão, 1983.

5. Cole, M. _Storia sociale dei processi cognitivi_, Giunti-Barbera, Florença,1976. Oppenheim, A. L. _La Antica Mesopotamia. Ritrato de una civilità_, Newton Compton, Roma, 1980.

Prólogo — **XXV**

Na própria psicanálise podem ser encontrados alguns exemplos dessa problemática. Poucos anos depois de *Totem e Tabu*, Ferenczi escreve sua *Thalassa*. Mas foi um discípulo dele, Imre Hermann[6], que ressurgiu ultimamente e vem sendo assinalado como um autor "interessante e importante" por *todas* as tendências psicanalíticas, que retomou e desenvolveu nossa temática, a partir do ponto particular da "natureza dos instintos primitivos".

Voltando a Freud, destaco que em vários momentos de sua obra ele indica a correlação entre "a neurose, o comportamento infantil e o do homem primitivo". Poderíamos entendê-lo assim: "qualquer um que se comportasse como um primitivo em nosso mundo atual seria visto como uma criança ou como um neurótico".

Fui expressando algumas idéias que estou investigando e contrastando e que permitem pensar a grupalidade antes de se configurarem a sociabilidade e a individualidade (e as disciplinas que se encarregaram delas).

Outras interrogações surgem quando as duas genealogias (a dos grupos e a da grupalidade) se "tocam". Não saberia dizer muito bem em quantos momentos ou circunstâncias isso acontece, ou para resolver quais problemas teóricos, mas posso levantar como hipótese (continua sendo uma investigação) que, depois da Segunda Guerra Mundial – uma das mais ferozes, que abalou to-

. . . .

6. Hermann, Imre. *L'instinct filial*, Denöel, Paris, 1971. Em húngaro, 1ª edição, 1943, chamava-se *Os instintos arcaicos no homem*. Ferenczi, S. *Thalassa. Psychoanalyse des origines de la vie sexuelle*, PEP nº 28, Payot, Paris. [Ed. bras.: *Thalassa – ensaio sobre a teoria da genitalidade*, São Paulo, Martins Fontes, 1990.]

O campo grupal

dos os níveis das estruturas sociais e individuais –, os trabalhos de pesquisa sobre o desenvolvimento dos grupos põem em contato aquelas duas genealogias. Retomarei apenas os casos de Bion e de Pichon-Rivière, farta e rigorosamente citados por Ana María.

A autora do livro os cita em função de um determinado aspecto do trabalho que realizaram, mas insistirei em outro tipo de análise. Em primeiro lugar, os dois tinham consciência do contexto em que estavam trabalhando, bem como de suas inclusões profissionais, políticas e sociais, e – o que é mais importante – tinham consciência de quais poderiam ser os "alcances" de seus trabalhos naqueles âmbitos (até onde podiam ir ou o que era possível conseguir!). Também tinham uma certa idéia da "extensão" de suas práticas grupais. Portanto, seria útil rever aqui o deslocamento que o marco visível-invisível sofre em comparação com outros autores. Por outro lado, dentro de seus próprios trabalhos seria necessário observar outro movimento ou perspectiva.

Sem cair em "o que são os grupos" e mantendo-nos em "como se constroem os conhecimentos sobre o grupal", acho que ambos os autores nos indicam que é necessário construir uma perspectiva "claro-escura" dos grupos na qual e a partir da qual trabalhar. Embora mantenha para as noções de visibilidade-invisibilidade as conotações que Ana María lhes deu, utilizo o "claro-escuro" para frisar que esses autores indicam que somente uma perspectiva não positivista permitiria outra elaboração do campo grupal.

Se assim não fosse não se poderia entender o que significa "grupo externo-grupo interno" em Pichon-Rivière e "pressuposto básico" em Bion, já que o primeiro estipula que é necessária uma certa colocação do observador para elaborar os conhecimentos correspondentes aos "claros-escuros" do campo grupal, incluindo desde já as apreciações sobre o visível-invisível expressas por Ana María.

Para Bion, os pressupostos básicos não existem apenas como organizadores do grupo, mas também estão na mente do sujeito como uma de suas formas de estruturação. "Bion indica que os pressupostos básicos têm uma única matriz e mostra que eles podem se alternar ou se substituir automaticamente uns aos outros evoluindo na forma psicológica desse 'sistema protomental comum'." "O conceito de pressuposto básico é uma idéia-chave para a abordagem psicanalítica do grupo e da vida coletiva." Bion pensa que "as ansiedades primitivas ligadas à relação com objetos parciais são a principal fonte de todo comportamento de grupo" e mais especialmente que "os pressupostos básicos são formações secundárias relacionadas com uma cena primária muito primitiva que se desenvolve no nível dos objetos parciais e que está associada a angústias psicóticas, a mecanismos de clivagem e a identificações projetivas"[7].

Bion, diferentemente de Anzieu, diz: "Podemos, com efeito, considerar como manifestações do caráter

....

7. Neri, C. "Les presupposés de base", em: *Bion y los grupos, Rev. Française de Psychotherapie de Groupe*, Paris, 1986. Neri, C. *Letture Bioniane*, Borla, 1988.

das relações no nível de objetos parciais: o incoercível e a violência de certos comportamentos dos indivíduos considerados como membros de um grupo básico, o fato de que pessoas maduras e criativas possam dar lugar, quando reunidas, a formas de construção de grupos (*gruppificazione*) altamente patológicas, a inibição do pensamento, bastante freqüente em grupos numerosos ou altamente institucionalizados". Não fala de transferências positivas ou negativas que, para ele, têm outra conotação.

Mas também, tanto para Bion como para Pichon-Rivière, um outro conceito forma parte dos conhecimentos do campo grupal. Refiro-me à contratransferência e à contra-identificação projetiva (que para nós tornariam mais densa a noção de implicação).

Portanto, os corpos conceituais que remetem à grupalidade – a incluir no campo grupal – apontam (criando) para um entrecruzamento muito original de noções que indicam que, para o trabalho no processo grupal "claro-escuro", não são suficientes ou não bastam noções positivistas, porque ali estão em jogo conhecimentos sobre a agrupação, o psiquismo individual, a grupalidade ("a vida coletiva" ou "a cena primária muito primitiva"), a transferência e a contratransferência. Nesse sentido, a elucidação crítica é "curta" se for somente moral e não de inclusão. Faz-se necessária não só uma visão para fora, mas um olhar para dentro. O "claro-escuro" aponta para a organização complexa e caleidoscópica do conhecimento entabulada pelas noções antes indicadas.

Prólogo

Mas esse complexo conhecimento também teria que dar conta desse contato entre genealogia da grupalidade e genealogia dos grupos. Um esboço dessa questão estaria em Bleger, "sociedade sincrética e sociedade por interação", um dos pioneiros nessas perspectivas[8]. Fiz essas considerações também seguindo os passos freudianos. Se a teoria de Freud tem três suportes, como ele mesmo afirma: Sexualidade infantil, Recalcamento e Transferência, podemos ver que em um deles há um elemento hipotético importante. Refiro-me ao conceito de recalcamento primário. Hipótese necessária para continuar pensando o aparelho psíquico.

Creio ter demonstrado em que medida o livro de Ana María Fernández pode estimular nossas intuições, ou juntar pensamentos perdidos, ou nos atrair e nos envolver em uma polêmica fascinante, ou simplesmente nos ajudar a refletir.

Como se pode imaginar, esperamos as respostas (isto é, eu e outros que, creio, também levantarão questões), de modo que estou curioso esperando o segundo tomo sobre esses argumentos.

ARMANDO BAULEO
Veneza, junho de 1989.

· · · · · · · · ·

8. Meltzer, D. *Lo siluppo kleiniano*, t. 3 Bion, Borla, Roma, 1982 [Ed. bras. *O desenvolvimento kleiniano*, São Paulo, Escuta, 1998.], e *Studi di Metapsicologia Allargata*, F. Cortina, Milão, 1987. Bleger, J. *Temas de Psicología*, Nueva Visión, Buenos Aires, 1978. [Ed. bras.: *Temas de psicologia*, São Paulo, Martins Fontes, 2001.]

Introdução

> *Elucidar é o trabalho mediante o qual os homens tentam pensar o que fazem e saber o que pensam.*
>
> C. CASTORIADIS

A. Para uma elucidação crítica do campo grupal

É indubitável que, a partir da instituição dos primeiros dispositivos grupais, muito se escreveu sobre grupos. Observa-se que ao longo dos últimos cinqüenta anos foram implementadas formas de trabalho muito diversas, que incluem abordagens coletivas entre seus recursos tecnológicos: capacitação de pessoal de empresas, modernas pedagogias, programação de atividades criativas, gestão de participação social, implementação de políticas de saúde, projetos de investigação-ação, educação sexual, investigações participativas, intervenções comunitárias etc. Os campos de aplicação que chegaram a se instituir nesse terreno teriam sido francamente impensáveis em décadas anteriores.

O campo da clínica não ficou alheio a esse fenômeno; com notável celeridade multiplicaram-se diferentes dispositivos de pequeno grupo com fins psicoterapêuticos apoiados – com maior ou menor sucesso – em diversos referenciais teóricos.

Assim, as coisas, os discursos a respeito da grupalidade foram organizando uma incansável Torre de Babel. Como transitar por ela? Os múltiplos campos de intervenção instituídos, as várias técnicas implementadas, a enunciação de discursos teóricos de diversas origens desenharam, em seu devir, um certo recorte disciplinar. No entanto, não se pode considerar – até o presente momento – que seja pertinente falar de um corpo teórico sistematizado do grupal. O que de fato se encontra em sua Babel é um tabuleiro de opções teórico-técnicas e alguns perfis profissionais que utilizam abordagens grupais em seus respectivos campos de trabalho.

Mais uma vez a pergunta: como organizar uma indagação das produções que esse campo apresenta? Com que critérios discutir sua legitimidade disciplinar? Com que formas de leitura localizar os nós problemáticos que insistem e atravessam os diversos dispositivos que são instituídos?

Nossa proposta aqui é tentar apresentar ao leitor algumas das principais linhas problemáticas do campo do grupal. Em vez de realizar um percurso pelas diferentes teorias sobre grupos, aspiramos a formular problemas. Nesse sentido, quando nos detemos em alguma dessas teorias, não procuramos apresentar suas idéias numa concisa síntese: apoiamo-nos, antes, em suas noções para interrogar os problemas que tais teorizações tornaram possíveis e assim analisar seus critérios de demarcação e a inscrição de suas práticas. Interrogamos algumas produções teóricas problematizando-as; abrimo-las para a crítica: perguntamos de que premissas partiu um

Introdução _____ **3**

autor ou corrente, que interrogações formulou, como as respondeu, por que terá produzido tais respostas e não outras, quais foram seus impensáveis. A partir de suas respostas reconstruímos suas perguntas, de seus enunciados teóricos inferimos as condições de possibilidade de tal produção. Expomos seus enunciados para poder sustentar um desafio: como fazer para pensar esses problemas de outro modo?

Em síntese, propomos um critério de *elucidação crítica*:

> Elucidar é um trabalho propositivo, uma exploração acerca de... inacabado, sujeito a revisões e ajustes provisórios, embora nem por isso menos rigorosos; procuraremos pensar sobre o fato/feito buscando ao mesmo tempo conhecer com maior precisão isso que, enquanto feito, deverá ser desfeito para entender sua irradiada composição, outorgando à atividade desconstrutiva um lugar central na tarefa de elucidação.[1]

Para atingir tais objetivos, torna-se necessária, em primeiro lugar, uma remissão histórica aos saberes e práticas grupais. História em um sentido genealógico, isto é, com o interesse de indagar como se constituíram os saberes, seus discursos, seus delineamentos grupais, seus domínios de objeto, a instituição de suas práticas e suas demarcações disciplinares. Analisar, portanto, as condições de produção de tais saberes: teóricas e epistêmicas, mas também institucionais e histórico-sociais;

· · · · · · · · ·

1. De Brasi, J. C. "Elucidaciones sobre el ECRO", em *Lo Grupal 4*, Búsqueda, Buenos Aires, 1986.

em suma, não só o que uma teoria diz, mas as formas históricas de gestão dos conhecimentos que enuncia; não tanto a descrição de suas práticas, e sim a análise das demandas a que tais práticas dão resposta.

Rigorosamente falando, este livro não desenvolve o conjunto de desconstruções e reconstruções das teorias e práticas que um estudo genealógico exigiria. O que faz é, no contexto do anteriormente dito, propor algumas pontuações que permitam focalizar os núcleos que – em suas insistências – conformam certas demarcações do campo grupal.

Embora não desenvolva o exaustivo percurso historiográfico que o rigor genealógico exige, põe alguns pontos de interrogação em certos lugares-comuns que se cristalizaram nos saberes e práticas grupais em nosso meio. É nesse sentido que aqui se fala de pontuações, propondo ao leitor algumas localizações críticas que oferecemos como notas – como primeiras notas – para uma genealogia do grupal. A intenção do livro afasta-se da de definir o que são os grupos e se orienta para o esboço de algumas idéias que forneçam instrumentos básicos para pensar uma teoria do que fazemos quando instituímos grupos.

Em primeiro lugar, enfatizamos uma diferenciação: *os grupos não são o grupal*; portanto, o que importa é uma teoria do que fazemos e não uma teoria do que existe[2]. Nesse sentido, sua preocupação é epistêmica

....

2. Deleuze, G. *Empirismo y subjetividad*, Gedisa, Barcelona, 1977. [Ed. bras.: *Empirismo e subjetividade*, São Paulo, Ed. 34, 2001.]

Introdução

(como se constroem os conhecimentos sobre o grupal) e não ôntica (o que são os grupos).

Em segundo lugar, é importante sublinhar que as diferentes teorias sobre o grupal – bem como as de todo campo disciplinar – não são apenas produções discursivas; são, pelo contrário, o resultado de uma série de fatores articulados. Interessa refletir, particularmente, sobre a relação existente entre um corpo teórico e o delineamento técnico que organiza suas formas de trabalho grupal, o lugar que tal corrente ou pensador sustenta como seus *a priori* na tensão singular-coletivo[3], a demanda sócio-histórica a que seus dispositivos são resposta e, em muitos casos, as urgências de legitimação institucional que marcam suas indagações.

Em terceiro lugar, não se deve esquecer que uma teoria demarca suas áreas de visibilidade e invisibilidade, seus enunciados e seus silêncios, como resultado da articulação dos fatores mencionados. Nesse sentido, uma indagação que se propõe a ser crítica não buscará acordos ou desacordos com os autores abordados. Desenvolverá suas reflexões nas dobras de visibilidades e enunciados, nas soluções de compromisso entre discursos, práticas e demandas; entre os "themas" que demarcam suas preocupações teóricas e as regiões que permaneceram como impensáveis.

Um trabalho de elucidação crítica abre a possibilidade de focalizar, entre os cursos e recursos da Babel dos grupos, as áreas de visibilidade sobre os aconteci-

....
3. Ver capítulo II.

mentos grupais que determinados dispositivos grupais tornaram possíveis e quais ficaram necessariamente invisíveis. O invisível dentro de uma teoria é o resultado necessário e não contingente da forma como se estruturou dentro dela o campo do visível. Portanto, "crítica" não significa aqui, como frisamos linhas acima, evidenciar os erros, mostrar desacordos ou adesões, e sim pressupor que aquilo que uma teoria "não vê" é interior ao ver; nesse sentido, seus invisíveis são seus objetos proibidos ou denegados; pode se pensar então que o nível do enunciável que uma teoria desenvolve será a transação ou compromisso discursivo, mas também institucional-histórico, entre suas visibilidades e suas invisibilidades, entre aquilo que lhe é possível pensar e seus impensáveis, entre seus objetos afirmados e seus objetos denegados.

Teorizações posteriores, na medida em que acumulam, refutam, redefinem as produções teóricas prévias e provêm de outras demandas sociais e de outros âmbitos institucionais, produzem por sua vez dispositivos grupais que geram "fenômenos" grupais e/ou se posicionam em outro lugar do *a priori* indivíduo-sociedade, construindo outros enunciados teóricos. Esses novos discursos circularão, portanto, a partir de outras transações entre o visível e o invisível, irão se organizar a partir de outras demarcações e irão gerir práticas guiadas por suas próprias preocupações teórico-técnicas.

Em suma, o critério proposto não se apóia na premência de legitimar o que já se sabe, mas no intuito de abrir interrogações sobre o enunciado e suas práticas que

Introdução _____ **7**

permitam, por sua vez, pensar os problemas de outro modo. Nesse sentido, propõe-se um duplo caminho de desconstrução e reconstrução de teorias e práticas. Isso tem várias implicações, fundamentalmente a intenção de desubstancializar os conceitos e dissociar a leitura, o texto, o autor de um efeito de verdade, jogo de desconstrução/reconstrução que, ao pôr em evidência os silêncios de enunciado, os objetos denegados, os impensáveis em sua dupla dimensão, teórica e profissional, torne possível pensar de outro modo os problemas recorrentes da disciplina e crie condições para pensar o até agora impensável.

Por isso *elucidação que se propõe a ser crítica e, enquanto crítica, ética.*

Obviamente, apresentar uma elucidação crítica com todos os requisitos indicados nesta introdução conformaria uma obra de envergadura muito superior aos objetivos deste livro. Para tanto, seria muito interessante um trabalho coletivo; é para a consecução de tal anseio que se espera que possam ser úteis estas *primeiras notas para uma genealogia do campo grupal.*

B. Uma maneira de ler, uma maneira de pensar

A maneira de ler que uma atitude de elucidação crítica implica afasta-se cuidadosamente de um tipo de abordagem dos textos e autores muito difundida no meio "psi". Deve necessariamente buscar critérios de leitura que se apartem do texto-verdade, isto é, que se distanciem do pressuposto segundo o qual a prática de leitura é um ato de revelação. Essa forma "bíblica" de pensar o texto como continente de uma verdade-revelada-ali põe o leitor numa única posição: a decifração; sua prática – religiosa – volta-se para a repetição decifrada, com maior ou menor sucesso, dos ensinamentos de um mestre, possuidor daquela verdade. Convém esclarecer que, embora esse modo de ler costume ser muito característico no meio "psi", não é privilégio dele; muito pelo contrário, pode ser observado em diversos meios acadêmicos e políticos.

São várias as conseqüências dessa maneira de ler; uma das mais relevantes é a dogmatização do corpo teórico; esse processo possibilita a gestão de uma ilusão no próprio plano teórico: a teoria completa. A partir dessa ficção, não será possível pensar nenhuma invisibilidade; a atitude de interrogação passará a ser suspeita, as falácias de autoridade serão uma prática cotidiana de legitimação.

Um efeito institucional muito característico dessa situação é a repetição ao infinito da necessidade – poder-se-ia dizer, a urgência – de classificações que tipifiquem seus integrantes em ortodoxos e heterodoxos; expulsões, rupturas e facções e reivindicações de afiliação sucedem-se cotidianamente.

Esses processos teórico-institucionais vão produzindo uma transformação na posição do discurso em questão: *de constituir um discurso autorizado* – legitimamente autorizado por sua sistematização teórica, por seu rigor metodológico etc. – *passa a se instituir como o discurso da autoridade.*

Introdução

Ante essa forma de leitura, é importante evitar tanto a submissão à repetição do discurso legitimado quanto a desqualificação de seus valores de enunciado[4]. Por ambos os caminhos, embora de modo diferente, a reflexão teórica se empobrece. O campo grupal não possui um corpo teórico sistematizado; nesse sentido, essa situação poderia se transformar em uma vantagem, uma vez que pode oferecer melhores condições para a formação de um método de pensamento crítico. Para isso, deverá desandar um caminho que percorreu nos últimos tempos; aquele que tentou territorializá-lo como um campo de aplicação de campos teóricos instituídos como sistemas conceituais totalizadores.

A tradição da *teoria crítica*[5] evitou a produção de sistemas teóricos fechados, preferindo o contraponto e a interrogação com diversos sistemas de pensamento. Foi nesse sentido que escolhemos, nesta proposta, um critério de leitura de desconstrução–reconstrução em que os enlaces teóricos possam ser realizados através de confrontações locais e não globais; em que as teorias possam ser pensadas desde o múltiplo e não desde o uno.

Um dos propósitos deste livro é proporcionar algumas ferramentas conceituais que ajudem a desfazer os círculos que muitas vezes encerram importantes produções teóricas em grandes relatos totalizadores. Quando um sistema teórico se totaliza, ou bem sofre um

. . . .

4. Essa desqualificação costuma ser expressão de rebeldias fracassadas ante os efeitos de autoritarismo teórico mencionados.

5. Jay, M. *La imaginación dialéctica,* Taurus, Madri, 1986.

processo de banalização ao ser "aplicado" a outros campos disciplinares ou então opera reducionismos irremediáveis sobre o campo em questão. Pelo contrário, quando se criam condições para sua destotalização e seus conceitos são trabalhados local e não globalmente, estes voltam a adquirir a polivalência teórica imprescindível para produzir novas noções, para pensar articulações até então invisíveis, questionar suas certezas, pensar aquilo que ficara impensável. Em suma, o contraponto e a interrogação como método para que as teorias conservem seu vigor na subversão daquilo que se cristalizou como óbvio.

Ao mesmo tempo, e nessa perspectiva, a legitimação do campo grupal não passaria por conseguir constituir uma Teoria dos Grupos, mas por propor tal espaço como um *campo de problemáticas* dentro do qual haveria que discutir seus critérios de demarcação, os rigores epistêmicos e metodológicos para que seus contrapontos locais e não globais possam operar como "caixa de ferramentas" e não como *patchwork* teóricos, e no qual – em função do anteriormente dito – se possa:

> diluir o fantasma que atravessa as formações grupais, fantasma que confunde as ações em grupo (dispersivas e intranscendentes) com as experiências grupais que se realizam orientadas por uma concepção desde a qual são analisadas e justificadas.[6]

· · · · · · · · ·

6. De Brasi, J. C. "Desarrollos sobre el Grupo Formación", em *Lo Grupal 5*, Búsqueda, Buenos Aires, 1987.

Introdução _____ **11**

C. Os três momentos epistêmicos

Com o propósito de buscar algum ordenamento para a indagação a realizar na Babel dos grupos, assinalaremos três momentos epistêmicos. Na constituição de saberes e fazeres grupais, tais momentos, mais que indicar um sentido cronológico, expressam certas formas características de pensar as legalidades grupais. Não se pode dizer que uns sucedam a outros linearmente, mas que, embora seja possível delimitá-los com certa clareza, freqüentemente podem ser encontrados traços de um momento epistêmico nos que vêm a seguir.

Os autores ou correntes analisados em cada um deles não são excludentes; nem mesmo poderão ser considerados unanimemente como os mais importantes. São simplesmente aqueles de maior difusão no mundo acadêmico, no contexto do qual este livro foi elaborado[7]. Se foram eles e não outros que levamos em consideração, foi porque sustentaram algumas cristalizações de certos lugares-comuns que interessa pôr em interrogação neste livro.

O *primeiro momento epistêmico* se organiza quando se pensa o grupo como um todo. A influência da *Gestalttheorie* tornou possível afirmar que em um grupo o

· · · · · · · · ·

7. Embora os mencionemos pontualmente em várias passagens deste livro, não oferecemos uma elucidação mais sistemática dos dispositivos grupais instituídos pela concepção operativa de grupos e pelo psicodrama psicanalítico. No entanto, constituíram instrumentos teórico-técnicos de suma importância em minha formação. Futuros trabalhos tentarão remediar tal ausência.

"todo é mais que a soma das partes"[8]. Há aí uma primeira intuição, aquela que outorga aos pequenos coletivos um a mais irredutível à soma de seus integrantes. É na indagação desse a mais que se delimitam os primeiros recortes disciplinares. Entre eles destaca-se, sem dúvida, a Dinâmica de Grupo.

Para além da difusão das teorizações que essa corrente enuncia a respeito dos grupos, é importante destacar que entre 1930 e 1940 aproximadamente[9] instituíram-se alguns critérios em virtude dos quais se começou a pensar em "artifícios" grupais para abordar alguns conflitos que aconteciam nas relações sociais. Ganham visibilidade conflitos humanos na produção econômica, na saúde, na educação, na família, e as instâncias organizativas da sociedade passam a considerá-los parte dos problemas que devem resolver.

No entanto, pareceria haver a suposição de que tais conflitos não podiam ser abordados com os recursos previamente existentes; exigem novas formas de intervenção e especialistas adequados para tais fins.

A partir de diferentes fontes inventa-se uma nova tecnologia: o Dispositivo Grupal e um novo técnico: o coordenador de grupos. Rapidamente, multiplicam-se os diagramas técnicos e os campos possíveis de aplicação. Por sua vez, as teorizações que tentarão dar conta daquilo que acontece nos dispositivos grupais instituídos serão muito dissímeis.

· · · · · · · · ·

8. Ver capítulo III.
9. Embora esse desenvolvimento se inicie nos EUA e em alguns países da Europa, estende-se rapidamente para alguns países periféricos como a Argentina.

Introdução

Esses movimentos apoiaram-se numa convicção: o grupo, enquanto todo, é mais que a soma das partes. A partir daí, esse a mais grupal faz dos grupos espaços táticos com os quais se tentará dar resposta a múltiplos problemas que o avanço da modernidade revela. Desde então, teorizar o a mais grupal foi uma preocupação constante das diferentes correntes grupalistas. Todas enfrentam uma mesma dificuldade: o a mais grupal é fácil de evidenciar, mas torna-se sumamente difícil produzir enunciados teóricos que dêem conta dele e da ordem de legalidades que o sustentam.

O *segundo momento epistêmico* localiza-se em torno da busca de *organizações grupais*; isto é, concentra as tentativas que procuram dar conta das instâncias de determinação que tornam possíveis os movimentos grupais que tinham ganhado visibilidade nos dispositivos que se instituíam por toda parte. As contribuições da psicanálise são aqui insubstituíveis[10], tanto no plano teórico como no delineamento e na difusão de dispositivos grupais na área da clínica psicoterapêutica. O mesmo poderia ser dito dos grupos operativos de Pichon Rivière, embora em áreas mais vastas: educação, saúde, intervenções comunitárias etc.

No interior do campo psicanalítico, a polêmica se centrará em elucidar se os grupos constituem um campo de aplicação do saber e da técnica psicanalíticos, ou se exigirão a elaboração de instrumentos teóricos e téc-

....

10. Ver capítulos IV, V e VI.

nicos específicos; se constituirão seus próprios contextos de descoberta e – o que é mais importante – se poderão legitimar suas próprias demarcações disciplinares.

Ao mesmo tempo, nessa direção esboça-se um conflito que implicará uma dimensão teórica e outra institucional. Teoricamente, discute-se se a psicanálise pode dar conta dos aspectos fundantes do campo grupal. Ou, dito de outra maneira, a ordem de determinações válida no campo psicanalítico em função do objeto de estudo que essa disciplina delimitou pode ser legitimamente estendida para o campo grupal? Os organizadores fantasmáticos que diferentes escolas psicanalíticas enunciaram são os únicos organizadores grupais? Como operam os organizadores socioculturais? E como articular os organizadores descobertos pela psicanálise com as contribuições de outras disciplinas?

No desdobramento dessas interrogações e de suas possíveis respostas não entrarão em jogo apenas questões teórico-doutrinárias. Aqui opera a dimensão institucional a que aludimos antes, já que – como em todo campo de conhecimento – suas elucidações sofrerão as marcas das lutas pela hegemonia no campo intelectual. Em nosso meio, este último aspecto ganha particular relevância, dado o prestígio alcançado, dentro dos dispositivos "psi", pelo dispositivo psicanalítico. Nesse sentido, costuma operar um tipo de pressão que põe fim a esses interrogantes impedindo seu desdobramento[11].

. . . .

11. Fernández, A. "¿Legitimar lo grupal? Contrato público y contrato privado", em *Lo Grupal 6*, Búsqueda, Buenos Aires, 1988.

Introdução 15

O *terceiro momento epistêmico*[12] esboça-se justamente a partir das dificuldades que as disciplinas de objeto discreto têm de abordar certas realidades disciplinares sem cair em algum reducionismo (sociologismo, psicologismo, psicanalismo). Se as lógicas de objeto discreto[13] foram necessárias para realizar as demarcações básicas das disciplinas mais formalizadas das ciências humanas, hoje muitas delas estão preocupadas em encontrar outros instrumentos metodológicos que permitam dar conta das áreas que resistem a abordagens unidisciplinares[14].

Esta não é uma tarefa simples. Produz fortes tensões epistêmicas e institucionais. O campo grupal, na busca de sua legitimidade, desenrola-se hoje no complexo trabalho de desmontar duas ficções sempre recorrentes: a *ficção do indivíduo*, que impede pensar qualquer a mais grupal, e a ficção do *grupo como intencionalidade*, que permite imaginar que o a mais grupal residiria no fato de que esse coletivo – como unidade – possui intenções, desejos e sentimentos.

A análise crítica de tais ficções implica uma *mudança de paradigmas teóricos* e uma profunda *revisão das práticas grupais instituídas*. Para realizar tal propósito, enfatizamos a necessidade de evitar soluções reducio-

. . . .

12. Ver capítulos VI e VII.
13. Ver capítulos II e VII.
14. Pode-se consultar a esse respeito Lévi-Strauss, C. *Seminario: La identidad*, Petrel, Barcelona, 1981. Também Apostel e outros, *Interdisciplinariedad y ciencias humanas*, Tecnos, Unesco, Madri, 1982.

nistas e manter a possibilidade de sustentar algumas tensões operando em sua produtividade problemática.

Assim, por exemplo, haverá que transitar a tensão entre as *epistemologias de objeto discreto* e a produção de *redes transdisciplinares* que permitam criar novas passagens do visível ao enunciável no campo grupal. Isso implica, também, a possibilidade de sustentar a tensão entre as *especialidades disciplinares* e os *saberes transversalizados*. É no âmbito de tais objetivos que propusemos um *critério genealógico* na análise de saberes e práticas que permita referi-los à sua problematização.

Para isso, um par antinômico: Indivíduo *v.* Sociedade exige sua elucidação crítica. A desconstrução deste *a priori* conceitual abre a possibilidade de realizar uma passagem de um critério antinômico de indivíduos *v.* sociedades para uma operação conceitual que possa evitar uma "resolução" reducionista e se permita *sustentar a tensão singular-coletivo*. Singularidade descarnada de suportes corporais indivisos; coletividade que nas ressonâncias singulares produz enodamentos-desenodamentos próprios. Singularidade e coletividade que, somente sustentando sua tensão, tornam possível pensar a dimensão subjetiva no atravessamento do desejo e da história.

Capítulo I
O vocábulo grupo e seu campo semântico

A. Produção histórica do vocábulo grupo

Nesta seção, abordaremos a etimologia do vocábulo que é motivo da presente elucidação; para além da relevância histórica que essa tarefa possa ter, interessa pensar dentro do próprio campo semântico. Espera-se que as linhas de significação trazidas à luz tornem possíveis certas visibilidades com relação às diversas *produções de sentido* que a palavra "grupo" disparou historicamente.

Tanto o termo francês *groupe* como o castelhano *grupo* reconhecem sua origem no termo italiano *groppo* ou *gruppo*. *Groppo* aludia a um *conjunto de pessoas esculpidas ou pintadas*, passando por volta do século XVIII a significar uma *reunião de pessoas*, e rapidamente seu uso coloquial se espalhou.

O *groppo scultorico* é uma forma artística própria do Renascimento, através da qual as esculturas que em tempos medievais estavam sempre integradas ao edifício passam a ser expressões artísticas em volume, separadas dos prédios, ao redor das quais é possível caminhar para apreciá-las, ou seja, é possível rodeá-las; muda assim a relação entre o homem, suas produções artísticas, o espaço e a transcendência. Ao mesmo tempo, outra das características do *groppo scultorico* a ser destacada é que suas figuras ganham mais sentido quando observadas como conjunto do que isoladamente.

Contemporaneamente à inclusão do vocábulo na língua francesa, impõem-se em inglês e em alemão vocábulos análogos; Anzieu[1] destaca que as línguas antigas não dispunham de nenhum termo para designar uma associação de poucas pessoas que compartilham algum objetivo em comum.

Que quer dizer o fato de não haver palavra? Que o não nomeado não existe? Que tem um nível de existência inferior à sua possibilidade de representação?

Para problematizar ainda mais essa interrogação, poder-se-ia agregar que, embora um vocábulo seja construído para fazer referência a uma produção existente, *os atos* – nesse caso talvez fosse mais correto dizer os processos – de *nomeação*[2] são peças-chave nas construções que os atores sociais realizam para produzir suas "representações" da realidade sócio-histórica em que vivem.

É necessário pensar então que – até certo momento histórico e para os atores sociais da época – os pe-

....

1. Anzieu, D. *La dinámica de los grupos pequeños*, Kapelusz, Buenos Aires, 1971.

2. Bourdieu, P. "Espacio social y génesis de las clases", Revista *Espacios,* n.º 2, Buenos Aires, 1985.

quenos coletivos humanos não teriam adquirido a relevância suficiente para fazer parte da produção das representações do mundo social em que viviam, ficando assim sem nomeação, sem palavra.

Se for assim – e no mesmo sentido –, haverá que indagar quais transformações sociais se produziram no período histórico em que os agentes sociais passaram a "necessitar" nomear tais agrupamentos humanos como "grupos", bem como quais lugares e funções sociais e subjetivas tais agrupamentos foram ocupando no processo mediante o qual tal palavra adveio.

B. Linhas de significação.

Ao que tudo indica, uma das primeiras acepções do termo italiano *groppo*, antes de chegar a ser reunião ou conjunto de pessoas, era *nó*. Derivaria do antigo provençal *grop* = nó; este por sua vez derivaria do germano *Kruppa* = massa arredondada, aludindo a sua forma circular[3].

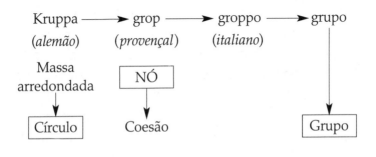

....
3. Anzieu, D. *Op. cit.*

Portanto, estão presentes no vocábulo duas linhas que freqüentemente são encontradas na reflexão sobre o grupal, ou – em outras palavras – duas linhas que insistem nessa reflexão. Por um lado, a linha de insistência *Nó*. Embora para Anzieu a figuração nó remeta ao grau de "coesão necessária entre os membros do grupo", para a perspectiva de investigação escolhida neste trabalho, a figura nó abre outra forma de interrogação sobre a mesma questão: *que enodamentos-desenodamentos se organizam dentro de um conjunto reduzido de pessoas?*

Por outro lado, a massa arredondada pareceria conter, implicitamente, a idéia de *círculo*, no sentido de *reunião de pessoas*: organizações de trabalhadores, associações comerciais, clubes, grupos políticos etc., que, retomando uma antiga tradição celta, daria uma idéia de círculo de iguais. Ilustrativos a esse respeito são os Cavaleiros da Távola Redonda e a ordem religiosa dos Templários, cujo altar circular permitia que todos os cavaleiros da ordem estivessem, na missa, numa mesma distância de Deus.

Note-se que ainda na atualidade geralmente se escolhe a distribuição circular no trabalho com grupos. Essa forma tão característica conota algo que transcende o próprio espaço, que vai além da eventual organização de suas atividades; implica, na realidade, *uma particular estruturação dos intercâmbios entre os integrantes*. É freqüente encontrar nesse ponto o destaque para a igualdade hierárquica atribuída à forma circular de disposição; isso significa afirmar que sentar-se em círculo horizontaliza ou democratiza a relação entre os

O vocábulo grupo e seu campo semântico ———————————— **21**

membros de um grupo. Na verdade, o mero sentar-se em círculo não determina igualdades hierárquicas nem atenua os jogos de poder. Pelo contrário, pareceriam ter muito mais peso os intercâmbios que se organizam a partir dessa circulação – em princípio, de olhares – que a distribuição espacial escolhida possibilita[4].

C. Referentes etimológicos

Em primeiro lugar, surpreende a *modernidade* do vocábulo. Que significação terá o fato de que antes da modernidade não existisse um termo que desse conta de uma reunião de um número restrito de pessoas com um certo objetivo comum?

Em outras temáticas, investigou-se a relação entre a presença ou ausência de determinados vocábulos e sua significação na cultura da época. Ph. Ariès[5], por exemplo, trabalhou a ausência da noção de criança na sociedade feudal e a correlativa ausência de vocábulos que nomeassem as crianças, ou, o que dá no mesmo, a presença de diversos termos que dão a idéia de criança a partir do momento histórico em que esta começa a se distinguir do mundo dos adultos. Mostra, também, co-

. . . .

4. Em psicanálise, o tema do olhar como possibilitador dos jogos identificatórios grupais foi trabalhado em profundidade; seria interessante cruzar essas contribuições com os autores que investigam o tema como forma real e imaginária de controle social. Foucault, M. *Vigilar y castigar*, Siglo XXI, Madri, 1981. [Ed. bras.: *Vigiar e punir*, Petrópolis, Vozes, 2000.]

5. Ariès, Ph. *L'enfant et la vie familiale sous l'Ancien Régime*, Le Seuil, Paris, 1973. [Ed. bras.: *História social da criança e da família*, LTC, 1981.]

22 _O campo grupal_

mo se produz uma correlação entre esse processo de "pôr palavra" e a construção de campos disciplinares específicos – nesse caso, a pedagogia – e as novas práticas sociais que se desenvolveram nesse processo: surgimento do "sentimento de infância", maternagem realizada pela própria mãe, escolarização das crianças etc.

O _groppo_ aparece com o Renascimento, momento de profundas transformações políticas, econômicas, familiares; momento de viradas epistêmicas e de modificações das _Weltanschauungen_. É no complexo trânsito das servidões a Deus, ao senhor e à fé para as autonomias, as ciências, as artes não religiosas e o livre mercado que se vão criando as prefigurações do _individuum_; trânsitos que tornarão possíveis, a partir de Descartes, as grandes reflexões modernas sobre o sujeito e o surgimento das ciências humanas. O _groppo_ ganha autonomia ao se separar do edifício e se assentar nos átrios e nas praças. Ao mesmo tempo, produz-se a nucleação da família; esta inicia um processo de transformações, reduzindo-se de suas extensas redes de sociabilidade feudal até conformar a família nuclear moderna.

Esse trânsito da "casa" à "família" não é uma questão atinente apenas à história da vida cotidiana, mas pontua trânsitos-chave que vão das relações de produção à constituição das subjetividades; acentuam-se a intimidade, a individuação, as identidades pessoais, o uso de nomes e sobrenomes particularizados etc.

A preocupação com a _noção de indivíduo_ participa do cenário de surgimento das ciências humanas; nasce, junto com elas, dentro da grande pergunta a que essas

O vocábulo grupo e seu campo semântico _____ **23**

novas áreas do saber tentam dar resposta: *Que é o Homem?* Cada uma delas de seu próprio ângulo, mas todas preocupadas com a individualidade; preocupação esta impensável dentro das sociedades feudais. Nas formas do ser social do feudalismo não havia lugar para nenhuma pergunta sobre o indivíduo; vigoravam, isto sim, as questões a respeito das obrigações dos homens para com Deus, por exemplo; mas estavam ausentes as noções de indivíduo, individualidade, intimidade, êxito individual, felicidade pessoal.

A temática da individualidade ou da identidade pessoal começa a se desenvolver com o advento da sociedade industrial, ao mesmo tempo que o privado e o público reestruturam tanto seus territórios como suas significações e se organiza uma mudança radical nas prioridades da vida, aparecendo em primeiro plano o livre arbítrio e a felicidade pessoal[6].

Paulatinamente, vão-se delineando as áreas do saber que conformarão as ciências humanas ou humanidades e as antropologias filosóficas. O Homem tomará a si mesmo como objeto privilegiado de reflexão nesses campos de saberes; os tempos das taxonomias serão substituídos – por meio de Descartes – pela pergunta acerca do ser do humano. A temática da *subjetividade* adentra assim o cenário filosófico-científico da época.

Pode-se pensar então que *a produção do vocábulo grupo é contemporânea da formação da subjetividade moderna e da constituição do grupo familiar restrito.*

....

6. Shorter, E. *Naissance de la famille moderne*, Le Seuil, Paris, 1977.

No âmbito do capitalismo nascente, até as últimas fibras do tecido social se reorganizam em figuras impensáveis até então. As sociabilidades feudais, as rígidas obrigações para com Deus, o senhor feudal, o rei, o padre e os fortes interesses corporativos não deixavam interstícios sociais suficientes para individuações, intimidades ou enlaces em pequenos grupos. A "grupalização" da vida familiar, ao restringir a família extensa – nucleando-a –, implicará algo mais que uma redução de pessoas. Está por trás de uma mudança significativa – estrutural, poder-se-ia dizer – nos enodamentos subjetivos de seus membros.

Tal pareceria ser a relevância dessas questões, que historiadores como Shorter[7] chamaram a Revolução Sentimental do século XVIII, referindo-se ao "aparecimento" do amor materno, do amor conjugal e do sentimento doméstico de intimidade. Que transformações ocorreram? Mudaram certamente as prioridades na vida das pessoas, mas também os *enlaces tanto contratuais quanto subjetivos entre os integrantes da família*. Mudança no espaço microssocial que reproduz e sustenta, mas também produz ao infinito as novas formas de governabilidade e consenso.

O vocábulo grupo, em sua acepção atual, produz-se no momento histórico que torna "necessária" tal palavra para a produção de representações do mundo social. Sua nomeação torna visível uma forma de sociabilidade – os pequenos coletivos humanos – que com a

....

7. Shorter, E. *Op. cit.*

modernidade adquire suficiente relevância nas práticas sociais para gerar uma palavra específica. O surgimento desse vocábulo inscreve-se no *complexo processo de transformações* tanto das *formas de sociabilidade*, das *práticas sociais* e das *subjetividades*, como de *novas figurações que os atores sociais darão às "representações" que constroem do mundo* em que vivem.

No que diz respeito à relação entre o processo da nucleação da família e o surgimento da palavra grupo, é necessário aclarar que não se está afirmando aqui que esse processo criou as condições para o surgimento do vocábulo grupo, mas que as transformações sócio-históricas que dão origem à constituição da subjetividade moderna são parte dos processos de gestão dos pequenos agrupamentos, entre eles a nucleação da família.

Em suma, o vocábulo grupo surge no momento de constituição da subjetividade moderna. Sua etimologia alude a um *número restrito de pessoas associadas por algo em comum*. Destacam-se duas linhas nesse rastreio etimológico: a figuração *nó*, que sugere uma interrogação sobre *o que faz nó* e traz implícitos necessários enlaces e desenlaces entre seus integrantes, e a figuração *círculo*, que remete às *formas de intercâmbio* que se dão entre os membros desses grupos.

Mais adiante insistiremos na linha de figuração *nó* como forma de se referir aos grupos. Avançando um pouco mais, talvez fosse pertinente esclarecer que não empregamos o termo nó em um sentido analógico: "o grupo é como um nó", mas – pelo contrário – em um sentido metafórico, enquanto figura *nó* que aspira a produzir efeito de significação.

Com a figura *nó* tenta-se sublinhar os enodamentos-desenodamentos de subjetividades, os enlaces-desenlaces diversos, pontuais, simultâneos, fugazes ou duradouros, de subjetividades que se produzem nos acontecimentos grupais. Nesse sentido, *perguntar-se acerca da especificidade do grupal é indagar acerca das particularidades de tais enodamentos quando se constituem naquilo que se convencionou chamar pequenos grupos.* Enodamentos-desenodamentos que por se organizarem entre um conjunto numerável de pessoas adquirirão características diferenciais em comparação com outras formas de enlace sociais como grupos amplos, massas, duplas etc.

D. Primeiras pontuações antes de avançar

Depois desta sumária incursão pelo campo semântico do vocábulo grupo, faz-se necessário realizar algumas pontuações que permitam delimitar com maior precisão a área de reflexão do presente trabalho. Ante algumas perguntas muito clássicas no que se refere aos grupos, como "quantos indivíduos conformam um grupo?", centraremos a reflexão em *conjuntos restritos de pessoas*; ficam excluídos portanto desta elucidação grupos humanos mais amplos, coletividades, massas, classes sociais etc.

Já vimos que o mero "juntar-se" não constitui um grupo; então, "quando um conjunto de pessoas se con-

O vocábulo grupo e seu campo semântico

forma como grupo?" Pela etimologia foi possível observar que o *groppo scultorico* possuía certa forma particular de agrupamento e que posteriormente o vocábulo grupo começou a designar reunião de pessoas, *círculo* de pessoas com algo em comum, "organizações de trabalhadores, associações comerciais etc." Isso quer dizer *que serão necessárias determinada atividade em comum e certas formas organizacionais*.

Por outro lado, a figura *nó* indica que nesse agrupamento irão se formar "enodamentos-desenodamentos". O número restrito de pessoas não remete, simplesmente, a uma questão formal ou numérica; ao associá-lo à figura nó, afirma-se que a característica *número restrito orientará de forma significativa os intercâmbios que entre tais pessoas possam se produzir*.

Por sua vez, ao tomar distância da imediatez de sua existência fática, torna-se necessário indagar a respeito das instâncias organizadoras desses coletivos humanos, ou seja, as formas que suas legalidades adquirem.

Também será preciso indagar se essas peculiares formas de intercâmbio que os grupos parecem ser organizam algumas particularidades das formações psíquicas de seus integrantes ou organizam-se com base nelas, ou se – avançando um pouco mais – produzem "formações psíquicas próprias".

Por último, advertimos que, no tocante aos discursos sobre a grupalidade, não é intenção deste trabalho realizar uma análise do que cada corrente significativa disse a respeito do que são os grupos; tomaremos apenas alguns momentos desses discursos, aqueles que se mostrem mais instrumentais para o desenvolvimento proposto.

Ou seja, as contribuições fundadoras dos três momentos epistêmicos delimitados nas páginas anteriores na constituição dos saberes e práticas grupais: o todo é mais que a soma das partes, os organizadores grupais e o esgotamento do objeto discreto.

Capítulo II
O singular e o coletivo

E minha solidão não ataca mais que a inteligibilidade das coisas. Mina até o próprio fundamento de sua existência. Cada vez me assaltam mais dúvidas sobre a veracidade do testemunho de meus sentidos. Sei agora que a terra sobre a qual se apóiam meus dois pés necessitaria, para não cambalear, que outros, distintos dos meus, a pisassem. Contra a ilusão de ótica, o espelhismo, a alucinação, o sonhar acordado, o fantasma, o delírio, a perturbação auditiva..., o baluarte mais seguro é nosso amigo ou nosso inimigo, mas... alguém, oh deuses, alguém.[1]

A. Antinomia indivíduo-sociedade

Embora nos tempos atuais se possa considerar que as relações dos seres humanos com o meio que os rodeia são inerentes à própria humanização, o problema da *relação dos indivíduos entre si* foi considerado de diferentes pontos de vista. As posições mais opostas poderiam ser esquematizadas dizendo-se que para uma delas o indivíduo, enquanto singularidade, é uma realidade em si mesmo; somente ele percebe, pensa, ama ou odeia, sente-se responsável, toma decisões etc. O grupo, a sociedade, o coletivo seriam generalizações teóricas que não teriam outra consistência senão a realidade mesma desse indivíduo. Para a tese contrária, o indivíduo enquanto tal, independentemente dos demais, seria uma

....

1. Do *log-book* de Robinson na ilha Speranza, antes da chegada de Sexta-feira. Michel Tournier. *Viernes o los limbos del Pacífico*, Alfaguara, Madri, 1986. [Ed. bras.: *Sexta-feira ou a vida selvagem*, Bertrand Brasil, 2001.]

mera entidade lógica. Unicamente o grupo, o coletivo, a sociedade, são reais; somente através dessa realidade a instância individual se torna presente. Segundo essa concepção, o indivíduo seria produto de seu ambiente, seja ele consciente ou não disso. Ou, em outras palavras, o indivíduo seria um cruzamento de relações sociais.

Como se pode observar, tanto numa posição como na outra, a relação indivíduo-sociedade está pensada a partir de um critério antagônico, isto é, ambas "resolvem" a complexa tensão entre o singular e o coletivo a partir de um paradigma disjuntivo – muito próprio do pensamento ocidental –, segundo o qual singularidade e coletividade conformam um par de contrários; apresentam, portanto, interesses "essencialmente" opostos e se constituem a partir de lógicas "essencialmente" diferentes.

Podem-se apontar nesse sentido duas formas típicas de "resolver" essa tensão: o *psicologismo* e o *sociologismo*. O primeiro, mais freqüente no pensamento liberal, conserva a tendência a reduzir os conceitos sociais a conceitos individuais e psicológicos; o segundo, mais freqüente no pensamento socialista, foi no sentido contrário: reduziu os conceitos individuais a uma idéia globalizada da história e da sociedade. Ambos fomentam um antagonismo entre indivíduos e sociedades, o primeiro em prol de uma idéia abstrata de indivíduo, o segundo em prol de uma idéia abstrata da sociedade[2].

Em muitos trechos deste livro poder-se-á observar certa insistência no assinalamento de *vieses psicologistas*

....

2. Russell, J. *La amnesia social*, Dos culturas, Barcelona, 1977.

O singular e o coletivo

ou de *operações de psicanalismo*. Essa preferência não deve ser entendida como uma atribuição de maior importância ao psicologismo em detrimento do sociologismo; a justificação de tal insistência está em outra afirmação: aquela que situa o psicologismo ou o psicanalismo como os impensáveis mais freqüentes da cultura "psi". Por exemplo, entre as posições psicologistas na psicologia acadêmica, pode-se observar a presença da antinomia Indivíduo-Sociedade no campo grupal, no terminante divisor de águas entre "individualistas" e "mentalistas" que atravessou as primeiras etapas desse campo disciplinar. Essa polêmica, por sua vez, abre novas posições argumentais no campo da psicanálise quando essa disciplina incorpora formas grupais de trabalho clínico; um dos divisores que se estabeleceu foi aquele entre os que denominaram seu fazer grupal de psicanálise *em* grupo e os que o chamaram psicanálise *de* grupo.

Mas o interesse dessas pontuações não é apenas histórico; a preocupação a respeito da tensão entre o singular e o coletivo, como também a necessidade de refletir sobre ela por caminhos que não caiam nos clássicos reducionismos, ganha absoluta vigência na atualidade na tentativa de superar as formas dicotômicas de abordagem dessa temática. Assim, por exemplo, indagações tais como: qual é a dimensão do social histórico na constituição da subjetividade?, qual é o papel da subjetividade nos processos histórico-sociais?[3] expres-

....

3. Castoriadis, C. *La institución imaginaria de la sociedad*, Tusquets, Barcelona, 1983. [Ed. bras.: *A instituição imaginária da sociedade*, São Paulo, Paz e Terra, 1995.] Ver a esse respeito o termo "imaginário social" usado pelo autor.

sam a necessidade atual de acabar com as formas antinômicas de pensar essa questão. A esse respeito, são interessantes as preocupações que reúnem os historiadores de *Annales*, para os quais uma sociedade não se explica apenas por seus fundamentos econômicos, mas também pelas representações que ela dá de si mesma. Em uma de suas aulas inaugurais no Collège de France, G. Duby disse:

> O sentimento que os indivíduos e os grupos têm de suas respectivas posições e as condutas que esse sentimento dita não são determinados imediatamente pela realidade de sua condição econômica, e sim pela imagem que dela fazem, que nunca é fiel, que é sempre a inflexão do jogo de um conjunto complexo de representações mentais.[4]

Observe-se que com esse tipo de colocação são questionadas diversas antinomias simultaneamente, ou seja, não só o singular e o coletivo, mas também o objetivo e o subjetivo, o material e o ideal, a economia e a cultura, abrindo novas formas de enlace entre o imaginário e o social.

B. Espaços

A preocupação em pensar as relações e diferenças entre indivíduos e sociedades é, sem dúvida, uma ca-

....

4. Bonnet, J. "Le mental et le fonctionnement des sociétés", *Rev. L'Arc*, n?. 72, Paris.

O singular e o coletivo _____

ractéristica fundante nas ciências humanas, filosofias e ciências e práticas políticas da Modernidade. Destacam-se, nesse sentido, dois espaços onde essas considerações foram desenvolvidas. Embora cada um deles tenha dado características próprias ao tratamento da tensão entre o singular e o coletivo, vale a pena sublinhar que costumam apresentar amplas zonas de entrecruzamento. Referimo-nos ao espaço *científico-acadêmico* e ao *ético-político*.

1. Espaço científico-acadêmico

A oposição Indivíduo-Sociedade atravessou a psicologia e a pedagogia através das intermináveis polêmicas *nature-nurture*, e a sociologia através, por exemplo, da célebre oposição Tarde-Durkheim. Essas polêmicas "clássicas" não só constituíram os debates fundadores das ciências humanas, como podem ser encontradas ainda hoje, por exemplo, nas discussões sobre a origem da linguagem, a psicologia do conhecimento etc. Atravessam, também, tanto as diferentes conceituações sobre os grupos humanos nas diversas orientações da psicologia social como também as abordagens psicanalíticas com grupos: análise *do* grupo ou *em* grupo etc.

Destacamos que as primeiras tentativas de compreender a problemática grupal no campo da psicologia deram-se por um traslado mecânico de conceitos da psicologia "individual" da época; foi em reação a essa forma de abordagem de corte "individualista" que se situaram as teses sustentadas por McDougall, Durkheim etc., que se referiram ao grupo enunciando uma mentalidade grupal[5]. Essa polêmica desenvolve-se no meio de um debate entre duas posições doutrinárias contrárias, a tese individualista e a tese da mentalidade de grupo; exprime, de certa maneira, a dificuldade de compreender a articulação do funcionamento das forças sociais com os atos dos indivíduos. Asch já dizia que "os grupos parecem mais poderosos e ao mesmo tempo menos reais que os indivíduos e, embora pareçam possuir propriedades que transcendem as individuais, somente os indivíduos podem criá-los"[6].

Para a *tese individualista*, os indivíduos constituem a única realidade; tende a negar realidade aos grupos na medida em que afirma que os processos psicológicos ocorrem apenas nos indivíduos e estes constituem as únicas unidades acessíveis à observação. Portanto, se os indivíduos são os únicos atores reais, o termo grupo constitui uma fictícia abstração quando pretende referir-se a algo mais que à soma de reações recíprocas dos indivíduos.

Dessa forma, para a tese individualista, os grupos a rigor não existem; "grupo" será um termo coletivo, que faz referência a uma multiplicidade de processos individuais.

Segundo essa linha de reflexão, para compreender os fenômenos sociais devemos rastreá-los até chegar

· · · · · · · · ·

5. Asch, S. *Psicología social*, Eudeba, Buenos Aires, 1964. [Ed. bras.: *Psicologia social*, São Paulo, Pioneira.]

6. Asch, S. *Op. cit.*

O singular e o coletivo

às propriedades dos indivíduos; portanto, na medida em que estes são os únicos atores sociais, os acontecimentos de um grupo, as instituições, crenças e práticas seguem os princípios da psicologia individual e são produto das motivações individuais. Em suma, não existe nos grupos, nas instituições, nem nas sociedades nada que não tenha existido previamente no indivíduo[7]. "As ações de todos não são nada mais que a soma das ações individuais tomadas separadamente."[8]

Em oposição às teses individualistas, desenvolveu-se a *noção de mentalidade de grupo*. A partir da observação de que quando os seres humanos vivem e agem em grupos surgem "forças e fenômenos" que seguem suas próprias leis e que não podem ser descritos em termos das propriedades dos indivíduos que os compõem, afirmarão, por exemplo, que a linguagem, a tecnologia ou as relações de parentesco não são produto das mentalidades e motivações individuais, mas que, pelo contrário, são processos que possuem leis próprias, diferentes e irredutíveis aos indivíduos. Alguns autores, como Durkheim, referem-se ao grupo como uma entidade mental: "ao formar os grupos, as mentalidades individuais [...] originam um ser [...] que constitui uma individualidade psíquica de uma nova índole"[9]. Consideram o grupo como uma entidade distinta da soma dos indivíduos; ressaltarão, também, o efeito

· · · · · · · · ·

7. *Id.*
8. Allport, F. H. (1924). Citado por Asch, *op. cit.*
9. Durkheim, E. Citado por Asch, *op. cit.*

das forças sociais e das instituições sobre os indivíduos. De acordo com esse ponto de vista, o indivíduo isolado constitui uma abstração; fora do grupo não possui caráter definido e, embora suas potencialidades sejam necessárias para o funcionamento do grupo, não são causa dos acontecimentos dele. A noção de mentalidade de grupo procura explicar a freqüente observação de que muitos acontecimentos coletivos revelam uma direção definida, desenvolvem-se e costumam se manter independentemente das intenções dos indivíduos, atribuindo então intencionalidade ao processo em questão. É nesse sentido que Asch destacou aquilo que denominou *"a falácia antropomórfica da tese da mentalidade de grupo"*, já que, embora essa corrente parta de uma premissa correta, segundo a qual se constata que a ação de um grupo produz efeitos que superam os efeitos dos indivíduos isolados, a partir disso deduz a existência de uma mente de grupo que outorgaria direção e intencionalidade aos momentos grupais. Conseqüentemente, essa "mente de grupo" seria qualitativamente análoga à "mente individual, embora quantitativamente supra-individual".

Em suma, embora tenham representado uma importante reação às teses individualistas – talvez a única resposta possível naquele momento histórico – focalizando a especificidade do grupal, ficaram limitados por certo substancialismo da época, não podendo sustentar a idéia de que os grupos "existiam" de um modo qualitativamente diferente dos indivíduos. Pareceria que esse antropomorfismo foi a única alternativa

O singular e o coletivo _____ **37**

com que contaram aqueles primeiros pensadores que puderam demarcar certa particularidade do grupal, não redutível a seus integrantes. Dessa forma, abriu-se o caminho – já por parte deles – para longas e reiteradas transposições, na medida em que o grupo é pensado como um supra-indivíduo, com os mesmos mecanismos de funcionamento interno, no máximo com algumas diferenças superficiais decorrentes de sua falta de sustentação biológica, mas que em todo caso afetam a semelhança e não a analogia entre ambos os tipos de "indivíduos"[10].

Embora essa polêmica de tipo acadêmico-doutrinário possa ser encontrada na arqueologia da disciplina, atravessou insistentemente o campo grupal. Faz-se necessário, portanto, submeter à elucidação crítica – desconstruir – duas ficções. Por um lado, a *ficção do indivíduo* que impede pensar qualquer a mais grupal; por outro, *a ficção do grupo como intencionalidade* que permite imaginar que o a mais grupal decorreria do fato de que esse coletivo – como unidade – possui intenções, desejos ou sentimentos.

É importante sublinhar que essas referências à psicologia acadêmica não têm um interesse meramente histórico; pode-se encontrar essa polêmica em diversas abordagens psicanalíticas atuais no campo grupal, em que não é raro encontrar tendências a personificar o grupo, atribuir-lhe vivências ou tomar as partes pelo

· · · · · · · · ·

10. Colapinto, J. "La Psicología Grupal: Algunas consideraciones críticas", *Rev. Arg. de Psicología*, n? 8, Buenos Aires, 1971.

todo na análise dos acontecimentos grupais[11]; por outro lado, também podem ser encontradas fortes recusas a pensar alguma especificidade do grupal. Ambas as posições produzem, cada qual a seu modo, obstáculos para poder indagar que ferramentas conceituais *específicas* será preciso desenvolver do ponto de vista da psicanálise para dar conta dos acontecimentos *específicos* dos grupos: re-produzem, sem se darem conta, uma polêmica que atravessou disciplinas das quais a psicanálise não se considera tributária.

Conseqüentemente, é importante sublinhar que essa antinomia clássica das idéias sociais – a relação indivíduo-sociedade no viés que porventura adquira – está implícita em toda concepção sobre o grupal e, geralmente, determina em grande medida o "desenho" que um pensador dá dos grupos. Opera como verdadeiro *a priori conceitual,* como premissa implícita a partir da qual não só se pensa a articulação do singular e do coletivo, como também se "lê" o conjunto dos acontecimentos grupais.

Nas ciências humanas, os *a priori* conceituais fazem parte do campo epistêmico a partir do qual se constituem as *condições de possibilidade de um saber,* delimitam-se suas áreas de *visibilidade e invisibilidade,* seus *princípios de ordenamento* e suas *formas de enunciabilidade.* Operam, portanto, num alto nível de produtividade, organizando a lógica interna das noções teóricas e o

·········

11. Colapinto. *Op. cit.*

O singular e o coletivo

desenho dos dispositivos tecnológicos de uma disciplina a partir dos quais são interpretados os acontecimentos ali produzidos. Ou seja, embora atuem de forma implícita, fazem-no a partir do próprio cerne das teorizações e intervenções de um campo disciplinar.

Em geral, esses *a priori* tornam possível a "resolução" da tensão dos pares antitéticos entre os quais oscilam esses campos do saber, que, desde sua constituição, desdobram-se em três pares de opostos: Indivíduo-Sociedade, Natureza-Cultura, Identidade-Diferença[12]. Quando essa tensão é "resolvida", observa-se com freqüência que costuma sê-lo mediante critérios dicotômicos – muito próprios do pensamento ocidental –, a partir dos quais se subsume a lógica específica de um dos pólos no pólo contrário, que, por isso, adquire características hegemônicas. Desse modo, são fundamento dos diferentes reducionismos, no caso particular dos *a priori* referidos ao par Indivíduo-Sociedade, os reducionismos psicologistas e sociologistas, respectivamente.

Assim como esses três pares antitéticos operam desde os momentos de fundação das ciências humanas, poder-se-ia incluir nas últimas décadas outro par: Acontecimento-Estrutura, gerador de intenso conflito em vastas regiões disciplinares desses campos de saberes e práticas.

Nas diversas teorizações sobre os coletivos humanos denominados pequenos grupos, o *a priori* indiví-

....

12. Para uma análise do *a priori* Identidade-Diferença, ver Fernández, A. M. *La diferencia sexual en Psicoanálisis: ¿teoría o ilusión?*. Depto. Publicações, Fac. de Psicologia, UBA, Buenos Aires, 1985.

duo-sociedade constitui uma peça-chave na demarcação do possível de ser pensado, na organização daquilo que as experiências grupais demonstrariam, como também nas formas de enunciabilidade de suas teorizações; e o que é mais importante, o pensar "indivíduos" v. "sociedades" se institui como uma forte evidência, isto é, como algo natural. Por isso, tentamos problematizar, interrogar criticamente os componentes desse *a priori*. Para tanto, será preciso desconstruir sua naturalização, isto é, remeter à História.

De onde surge essa concepção antagônica de indivíduos *versus* sociedades? Adquire presença no cenário liberal europeu dos séculos XVII e XVIII, mas deveria ser submetida hoje a uma forte revisão, pois cabe indagar: *que dimensão é o indivíduo? que dimensão é a sociedade?* até onde chegam um e outra? Na verdade, o pólo "indivíduo" é uma perspicaz falácia das teorias que acreditam que a sociedade pode ser definida como uma agregação de indivíduos, e, por sua vez, o pólo "sociedade" é algo muito mais complexo do que sua formulação descritiva. Mais ainda, o mais questionável talvez consista em colocar o indivíduo e a sociedade numa relação antinômica[13]. Nesse sentido, é eloqüente a colocação de Canguilhem:

> talvez não se tenha observado o suficiente que, na verdade, a etimologia da palavra faz do *conceito indivíduo*

....

13. Kaminsky, G. Seminário "Instituciones", Cátedra de Psicologia Social, Curso de Psicologia, UBA, 1985.

O singular e o coletivo

41

uma negação. O indivíduo é um ser no limite do não ser, dado que não pode ser fragmentado sem perder suas características próprias. É um mínimo ser. Mas nenhum ser é um mínimo. O indivíduo supõe necessariamente em si sua relação com um ser mais vasto e apela a um fundo de continuidade que se destaca.[14]

Como dissemos no capítulo anterior, a noção de "indivíduo" se produz no momento da história do Ocidente em que a "sociedade" é pensada como um conjunto de produtores livres; fundamenta assim as indagações das filosofias do sujeito que se interrogam acerca do conhecimento do mundo, abandonando as certezas proporcionadas pela fé e pela ordem religiosa para elucidar as diferentes problemáticas da subjetividade; nesse incipiente horizonte econômico, tecnológico, político e filosófico irá se destacar uma nova figura: o *indivíduo*, sólida ilusão do capitalismo nascente que faz com que seja pensado indiviso, livre e autônomo. Criam-se assim as condições para o paulatino nascimento das ciências humanas; o Homem se constitui desde diferentes saberes para ser pensado, abrindo um espaço próprio aos humanismos, antropologias filosóficas e ciências humanas. Nas palavras de Lévi-Strauss:

O pensamento clássico e todos aqueles que o precederam falaram do espírito e do corpo, do ser humano, de

. . . .

14. Canguilhem, G. *La teoría celular*, citado por Pontalis, J. B., em *Después de Freud*, Sudamericana, Buenos Aires, 1974. [Ed. bras.: *A psicanálise depois de Freud*, Petrópolis, Vozes, 1977.]

seu lugar tão limitado no universo, de todos os limites que restringem seu conhecimento ou sua liberdade, pois nenhum deles conheceu o Homem tal como se dá no saber moderno. O humanismo do Renascimento ou o racionalismo dos clássicos deram um bom privilégio aos humanos na ordem do mundo, mas não puderam pensar o Homem.[15]

Portanto, foi com a noção de indivíduo (sujeito não dividido da consciência) que os saberes modernos organizaram suas reflexões sobre o Homem. Mais ainda, a noção de indivíduo também sustentará as práticas e teorias do livre mercado, as figuras da governabilidade com o contrato, o consumo e a representatividade das democracias da modernidade. Novas formas políticas e subjetivas de pensar os enlaces sociais, a regulação de seus conflitos e a forma de negociação de seus contratos.

Como uma mera referência cronológica e sem pretender igualar hierarquicamente essas áreas disciplinares, constata-se que os séculos XVII e XVIII dirigem suas indagações centrais para o ser do indivíduo, o século XIX para o ser da sociedade (Durkheim, Marx), mas será preciso esperar até o século XX para que possam tomar forma as questões referidas ao ser dos grupos. De todo modo, pareceria bastante explicável que os primeiros discursos sobre a grupalidade tenham desenvolvido seus enunciados no paradigma indivíduo-sociedade como pares antagônicos. Paradigma que,

. . . .

15. Lévi-Strauss, C. *Seminario: La Identidad*, Petrel, Barcelona, 1981.

embora comece a ser questionado, ainda é fortemente vigente; a bem da verdade, deve-se reconhecer que embora transite por um momento de problematização crítica, de desconstrução, ainda não se pode falar da constituição de um paradigma alternativo que tenha encontrado os caminhos de superação dos *"impasses"* que a antinomia indivíduo-sociedade produziu em vastas regiões das disciplinas envolvidas.

As teorizações que colocam os grupos humanos como *campos de mediações* entre Indivíduo e Sociedade costumam reproduzir sem qualquer ressalva as propriedades antinômicas desses termos e, na medida em que partem de dois conjuntos de opostos, os campos da realidade que não forem estritamente indivisos nem estritamente macro-sociais, como os grupos e as instituições, só podem ser pensados como pontes ou instâncias mediadoras.

De modo muito esquemático, poder-se-ia dizer que o *a priori* conceitual opera nos diferentes discursos sobre a grupalidade da seguinte maneira:

• A especificidade do grupal é dada pelos indivíduos que o formam; será preciso estudar *indivíduos em grupo*.

• A especificidade do grupal é dada por um a mais acrescido ao mero agregado de indivíduos; será preciso estudar *grupos*.

À primeira vista, poder-se-ia pensar que tomar os grupos como totalidades colocaria as teorias que de-

44 _____ *O campo grupal*

fendem essa idéia a favor da existência de uma especificidade grupal, mas se verá mais adiante que nem sempre é assim.

2. *Espaço ético-político*

A antinomia Indivíduo-Sociedade tem também uma inscrição ético-filosófica de grande importância no plano político, cuja origem moderna poderia ser situada na controvérsia Locke-Rousseau, polêmica que está na base da discussão das democracias modernas, na medida em que propôs como alternativa ético-política a questão: que deverá ser priorizado, os interesses individuais ou os interesses coletivos?[16]

Esses pressupostos ético-filosóficos estão implicitamente presentes nas diferentes preocupações com as relações dos seres humanos entre si e operam, desde vários pontos de entrecruzamentos – habitualmente invisíveis mas eficazes –, nas distintas teorizações sobre o grupal. Sua operatividade torna-se visível conforme se privilegie o individual ou o coletivo.

É freqüente encontrar claras explicitações de utopias sociais transformadoras naqueles que, de Fourier em diante, priorizaram o coletivo. Embora naqueles que priorizaram o individual nem sempre o paradigma ético-político esteja tão evidente, poderiam ser incluídas aqui

....

16. Dotti, J. "Viejo y nuevo liberalismo", Conferência do Ciclo "Democracia e Transformação Social", Centro de Estudos para a Transformação Argentina. Fundação Banco Patricios, setembro de 1985.

O singular e o coletivo

as teorizações que, por exemplo, caracterizam os fenômenos de massas e os fenômenos grupais acentuando sua irracionalidade, seu caráter regressivo ou pensando-os como espaços que ameaçam de uma forma ou outra a identidade, ou seja, reforçando sua negatividade[17].

Esses pressupostos fazem parte dos *a priori* conceituais mencionados linhas acima; operam criando as condições para que os coletivos humanos só possam ser indagados a partir das mesmas categorias tidas como legítimas para pensar os "indivíduos".

Pode-se observar que também nas práticas e teorias políticas foram se desenvolvendo determinadas preocupações com os grupos humanos. Alguns autores chegam até a situar suas contribuições como parte de uma psicologia social não oficial[18]. Apesar do fato de que neste trabalho abordaremos as preocupações acadêmico-científicas sobre os grupos, omitindo deliberadamente as reflexões de que foram objeto os grupos humanos no plano político, não poderemos deixar de mencionar o interesse que despertaram nos políticos e nos cientistas políticos algumas incógnitas a respeito do grau de participação ou passividade dos coletivos humanos. Uma indagação vem insistindo: quais as condições que permitem desenvolver ou frear tal potencial participativo? Essa temática esteve sempre pre-

....

17. Fernández, A. M. "Formaciones colectivas y represión social", trabalho apresentado nas jornadas do mesmo nome, Buenos Aires, 1985.

18. Bauleo, A. "Psicología Social y Grupos", em *Contrainstitución y grupos*, Fundamentos, Buenos Aires, 1977.

sente nas polêmicas políticas dos movimentos revolucionários, seja na oposição Robespierre-Danton, ou Lênin-Trótski-Rosa Luxemburg (discussão sobre a capacidade autogestiva dos grupos políticos), ou Guevara-Bettelheim (estímulos morais *versus* estímulos materiais), organização *versus* espontaneísmo, o Partido como vanguarda "conscientizadora" – ou não – das massas etc.

Excede o propósito deste trabalho a análise dos pressupostos que guiaram essas polêmicas; de todo modo – e apenas a título de pontuação – vale a pena assinalar que um dos múltiplos eixos de debate esteve centrado em duas concepções políticas dos coletivos humanos bem diferenciadas. Aquela que centrou seu interesse em guiar, conscientizar – e, por que não, muitas vezes manipular – tais coletivos e aquela que pôs a ênfase no protagonismo autogestivo deles.

Note-se que a preocupação a respeito da montagem de dispositivos grupais capazes de criar condições de possibilidade para a gestão e a produção coletiva *versus* a manipulação e a sugestão de tais coletivos humanos – bem denunciada já faz tempo por Pontalis[19] – é um debate teórico-técnico, mas também ético, de total atualidade no campo grupal. Por exemplo, muitos trabalhos de elucidação sobre o lugar do coordenador defendem esse tipo de interesse: como criar, desde a coordenação, condições de possibilidade para a produ-

· · · · · · · · ·

19. Pontalis, J. B. *Después de Freud*, Sudamericana, Buenos Aires, 1968. [Ed. bras.: *A psicanálise depois de Freud*, Petrópolis, Vozes, 1977.]

O singular e o coletivo _____

ção coletiva, como evitar cair na sugestão, na manipulação; em suma, como não induzir[20]. Essas investigações desenvolvem-se a partir da convicção de que *os pequenos grupos são entendidos como espaços virtuais de produção coletiva e, portanto, portadores de um a mais relativamente à produção individual.*

A rigor, essa enumeração em espaços científico-acadêmico, ético-político tem tão-somente um valor expositivo; na prática, entrecruzamentos permanentes desses espaços atravessaram a história da constituição do campo de saberes e práticas grupais.

Assim, as investigações de Kurt Lewin (psicólogo da Escola de Berlim, que emigrou para os Estados Unidos em 1930) sobre os grupos democráticos, autoritários e "laissez faire" organizaram-se a partir de uma indagação sobre o nazismo: como foi possível que se produzisse, do ponto de vista psicológico, um fenômeno coletivo como o nazismo? Como é possível prevenir psicologicamente tais fenômenos?

Em Wilhelm Reich, suas elaborações sobre os fenômenos de massas e o grupo familiar também foram desencadeadas por uma pergunta política: por que as massas operárias alemãs optaram pelo nacional-socialismo e não pela alternativa socialista ou comunista? Essa indagação levou-o a analisar o papel desempenhado pelo grupo familiar, redefinindo a ideologia como uma força material.

· · · · · · · · ·

20. Percia, M. "Taller Abierto Permanente", Cátedra Teoria e Técnica de Grupos, Faculdade de Psicologia, UBA, 1986.

Nos primeiros pensadores sobre o grupal, K. Lewin, Moreno, Pichon Rivière, esteve sempre presente uma forte preocupação com a mudança social. Pensavam os grupos (independentemente do quão diferentes pudessem ser suas concepções da transformação social ou os dispositivos grupais que imaginaram) como instrumentos válidos para a "realização" das fortes utopias sociais que os animaram.

Embora esse tipo de preocupação parecesse estar ausente na incorporação de dispositivos grupais à área da assistência psicoterapêutica, os psicanalistas ingleses que começaram a trabalhar com grupos procuravam uma forma de abordagem eficaz para a reabilitação dos combatentes ingleses da Segunda Guerra internados nos hospitais psiquiátricos militares.

Esse tipo de enlace também pode ser assinalado nas contribuições sartreanas sobre os grupos humanos. Em sua *Crítica da razão dialética* (1960), Sartre abre um campo de reflexão: o homem ante o grupo e a história coletiva. Reflexão sobre o grupal que no entanto busca, sem dúvida, resposta para uma dolorosa indagação política: de que maneira foi possível um fenômeno como o stalinismo?

Também podem ser incluídas aqui as preocupações e reformulações sobre os grupos desenvolvidas pela Análise Institucional, de indubitáveis influências sartreanas. Autores como Loureau, Lapassade, Ardoino retomarão o interesse pelos grupos nas instituições, as condições para a manifestação de suas potencialidades autogestivas, a dialética do instituído-instituinte etc.;

O singular e o coletivo _____ **49**

nessa linha, são significativas também as contribuições de Guattari sobre os grupos objeto e os grupos sujeito. Em todos esses autores, é evidente a importância do Maio francês, como também seu interesse pelos espaços de autogestão operária da Revolução de Outubro e outros momentos revolucionários europeus anteriores à Segunda Guerra Mundial.

C. A relação grupo-sociedade

A relação grupo-sociedade foi tradicionalmente encarada da perspectiva de relações de influência, em que as diferentes posições teórico-ideológicas variam conforme outorguem um maior ou menor grau de influência do social sobre os movimentos de um grupo; mas, em todas elas, *o social é situado como algo exterior ao grupo, sobre o qual recairá, em maior ou menor medida, sua influência.* Uma variante dessa forma de pensar é formular a relação grupo-sociedade em termos de *interação mútua.* Na verdade, a relação grupo-sociedade é um subtema da relação indivíduo-sociedade que foi tradicionalmente formulada em termos antagônicos.

Como vimos em páginas anteriores, a antinomia indivíduo-sociedade faz parte de um conjunto de pares antinômicos: material-ideal, alma-corpo, ser-ter, objetivo-subjetivo, público-privado, que atravessaram a reflexão ocidental abarcando desde problemáticas filosóficas, políticas e científicas até a organização da vida cotidiana e a produção de subjetividade. Costumam estar articulados mediante *lógicas binárias hierarquizantes*. Provavelmente, pensar esses pares mediante essas lógicas seja uma das formas de maior eficácia simbólico-imaginária da produção de discursos. Seria importante assinalar, além disso, que tal divisão dicotômica não só transitou pelo nível discursivo de diferentes disciplinas, como também autorizou suas práticas, inscrevendo-as de forma muito particular em diferentes estratégias de disciplinamento social.

Também já dissemos que pensar a tensão entre o singular e o coletivo a partir da antinomia indivíduo-sociedade opera como *a priori* conceitual nas diversas reflexões sobre o grupal. É na tentativa de desmanchar o sentido antinômico da tensão entre o singular e o coletivo que é pertinente repensar criticamente a noção segundo a qual os grupos constituem um campo de mediações entre indivíduos e sociedades. Solução de compromisso talvez válida em seu momento, diante da grande dificuldade de pensar as múltiplas combinatórias possíveis da tensão antes mencionada, mas que hoje merece ser revista.

A operação que as diversas disciplinas humanísticas parecem ter realizado em seus momentos iniciais consistiu em dividir ilusoriamente o campo de indagação em dois objetos de estudo "bem" diferenciados: indivíduos e sociedades, organizando diferentes áreas e práticas disciplinares, para em seguida buscar as formas nas quais fosse possível pôr em jogo suas relações. Isso tornou necessário demarcar os campos de saberes e práticas *mediadores*:

O singular e o coletivo

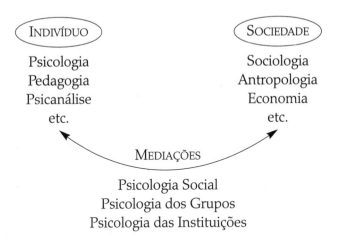

Essa noção dos grupos como campos de mediações tentou "resolver" a tensão entre o singular e o coletivo através da categoria de *intermediação*. Embora tal categoria mereça ser revista, é necessário destacar que conserva a presença do pólo social em sua análise da dimensão grupal. Há, pelo contrário, uma forte tradição de certa forma de reducionismo "psi" naquelas correntes que centram sua análise dos acontecimentos grupais nas interações entre seus integrantes, produzindo um enfoque dos *grupos voltados para si mesmos* em que, embora ganhem visibilidade suas coesões, lideranças, a interação de papéis etc., invisibilizam-se os atravessamentos institucionais, sociais e históricos que confluem na gestão desses movimentos grupais.

Ao reduzir os acontecres grupais a alguns de seus movimentos, essa forma de "grupismo" costuma operar um efeito de teoria mediante o qual esses "grupos-ilha" acabam se produzindo voltados para si mesmos. De todo modo, esse tipo de redução se dá no âmbito de correntes que legitimam um espaço próprio do grupal, isto é, que conseguiram superar uma primeira redução, aquela pela qual os pequenos coletivos humanos não gerariam a necessidade de parâmetros de análise próprios.

Outra maneira de "resolver" a tensão aludida costuma ser a negação da especificidade dos acontecimentos grupais; pode ser encontrada nas formas de abordagem em que o dispositivo grupal é visto apenas como um espaço-cenário de manifestação das singularidades, em seus diversos jogos especulares, mas excluindo qualquer possibilidade de especificidade no agrupamento em si.

Um exemplo contrário a esse é o da noção de articulação entre horizontalidade e verticalidade de Pichon Rivière, que mantém a tensão, sem "resolver" entre ambas as instâncias; para esse autor, horizontalidade e verticalidade não se subordinam uma à outra, mas, pelo contrário, é no cruzamento das diacronias e sincronias grupais que o emergente surge. O uso extensivo da noção de emergente que costuma ser encontrado nas práticas dos grupos operativos não deve obscurecer a sutileza dessa forma pichoniana de pensar a articulação singular-coletivo.

D. A categoria de intermediário

Essa caracterização dos grupos como mediadores, ou seja, como espaços intermediários entre "indivíduos" e "sociedades", traz implícito o conceito operati-

O singular e o coletivo   **53**

vo segundo o qual, dados dois conjuntos diferentes previamente demarcados, será preciso, posteriormente, buscar suas relações, suas pontes articuladoras. Por sua vez, e correlativamente com o anterior, dadas duas disciplinas já constituídas – psicologia e sociologia –, faz-se necessário demarcar novos campos disciplinares intermediários, articuladores. Nesse caso, uma psicologia dos grupos. Essa noção articuladora é o conceito de intermediário.

René Kaës se pergunta: *A categoria de intermediário pode nos ajudar a pensar a articulação psicossocial?*[21] Afirma que, por definição, essa categoria se destina a pensar o ato de articular, sendo utilizada em diferentes disciplinas: psicologia, história das mentalidades, psicanálise, antropologia. É necessário sublinhar que essa categoria foi posta em funcionamento quando essas disciplinas se viram diante do desafio de pensar, desde seus diferentes campos de demarcação, as relações entre subjetividade e história, entre inconsciente e cultura etc. No entanto, esse autor afirma que essa categoria não foi objeto de uma elaboração suficiente nas disciplinas que trabalham com ela. Essa situação pareceria contrastar com o estatuto que tal categoria adquiriu na filosofia, em que:

> o pensamento acerca do intermediário (a qualidade de meio) é uma das categorias mais presentes na história das idéias. Atravessa todo o campo da filosofia ociden-

....

21. Kaës, R. "La categoría de intermediario y la articulación psico-social", *Rev. de Psicología y Psicoterapía de Grupo*, vol. VII, n.º 1, Buenos Aires, 1984.

tal: em seu apogeu com Platão (com as categorias de *mesostes* e de *metaxu*), vigorosa em teologia e metafísica, irá se impor ademais nas correntes pré-racionalista e racionalista e depois voltará com mais força no século XIX nas disciplinas que tenham por tarefa dar conta da transformação temporal ou de um vínculo entre organizações heterogêneas.[22]

Esse autor propõe três características gerais associadas à categoria de intermediário:

1. O intermediário como função da articulação, de modo tal que o intermediário funciona no campo do descontínuo enquanto resultado de uma separação entre elementos que se procura rearticular, por meio de uma espécie de *"by pass"* teórico. Dessa perspectiva, o intermediário está pensado também como um processo de redução de antagonismos. Esse processo também se refere ao descontínuo, mas a um tipo de descontinuidade baseada nos conflitos que se dão em um campo de forças de oposição. Trata-se então de articular, de diferentes formas, os elementos em conflito.

2. O intermediário ligado à apresentação de um processo de transformação e passagem, associado portanto ao pensamento do movimento.

3. Embora as duas primeiras características façam aparecer o intermediário como a necessidade do contínuo, princípio ou agente de concatenação, processo de

....

22. Kaës, R. *Op. cit.*

O singular e o coletivo

passagem de uma ordem a outra, a terceira insiste em sua função estruturante e em sua responsabilidade no tocante à passagem de uma estrutura a outra.

Além de assinalar esses três aspectos do intermediário, Kaës propõe uma distinção entre Intermediários de Tipo 1, que operam num campo homogêneo, no interior de uma mesma estrutura ou de uma concatenação, e Intermediários do Tipo 2, que articulam dois conjuntos heterogêneos, heterônomos, de níveis lógicos diferentes.

A questão da articulação psicossocial remete particularmente a um Intermediário do Tipo 2, uma vez que se trata de dois pólos, psicológico e sociológico, que se constituíram no curso de sua oposição diferenciada. Kaës afirma que um ponto de vista como esse poderia admitir ou não a mediação entre níveis heterônomos, mas sublinha que, freqüentemente, e sobretudo nas fases constitutivas dos campos disciplinares, o resultado do debate evolui regularmente para posições reducionistas.

A questão do intermediário certamente está muito longe de estar resolvida; seu caráter conceitual vago costuma vir acompanhado em alguns âmbitos de valorações negativas, na medida em que se costuma associar a intermediação com o neutro, o misto, o bastardo, o impuro. Esse tipo de ligação associativa, sem dúvida acentuada pelas disputas pela hegemonia no campo intelectual, falam das dificuldades que tais tentativas de articulação apresentam.

Essas questões apontam não só para problemas teóricos de complexa demarcação. Surgem também na cotidianidade das práticas grupais, orientando-as para alguns dos reducionismos mencionados linhas acima, conforme os *a priori* conceituais que entrem em jogo nesse terreno. Não se deve esquecer que esses *a priori* operaram previamente como impensáveis no desenho de seus dispositivos. Assim, ao criar condições para produzir determinadas experiências grupais – e não outras –, reforça-se o circuito reducionista. Os aconteceres que no grupo aparecem como o dado, como o primeiro dado, são na verdade construções realizadas com base no *a priori* conceitual; dada a sua invisibilidade, oferecem-se como a "evidência dos fatos", quando na verdade são um *efeito de teoria*.

Resumindo, são muitas as formas que os reducionismos podem apresentar. Tanto as teorizações quanto o lugar da coordenação costumam oscilar entre duas ficções: *a figura do grande indivíduo ou o espelhismo dos grupos como intencionalidade.*

Nesse sentido, faz-se necessária uma mudança de paradigma; de um critério antinômico de indivíduos *v.* sociedades para uma operação conceitual que possa evitar uma falsa resolução reducionista e se permita sustentar a tensão singular-coletivo. Singularidade descarnada de suportes corporais indivisos. Coletividade que nas ressonâncias singulares produz enodamentos-desenodamentos próprios.

Singularidade e coletividade que só sustentando sua tensão tornarão possível pensar a dimensão subjetiva no atravessamento do desejo e da história.

O singular e o coletivo

E. Problema epistêmico

Numa tentativa – ainda provisória – de superar certos impasses que os reducionismos mencionados e a categoria de intermediários colocam, enunciamos neste trabalho a necessidade de pensar o grupal como um *campo de problemáticas* atravessado por múltiplas inscrições: desejantes, históricas, institucionais, políticas, econômicas etc. O grupal num duplo movimento teórico: o trabalho sobre suas especificidades e sua articulação com as múltiplas inscrições que o atravessam. Nova maneira de pensar O Uno e O Múltiplo, tentando superar os encerramentos que a lógica do objeto discreto impõe, abrindo a reflexão para formas epistêmicas pluralistas, transdisciplinares.

Nesse sentido, volta – insiste – a figura nó. Em sua formulação metafórica e não analógica, produz significação dentro da proposta epistemológica aqui esboçada. Mais que buscar os requisitos epistêmicos para construir o objeto teórico grupo, os grupos são apresentados como *nós teóricos*.

Nós constituídos por múltiplos fios de unidades disciplinares que se enlaçam no pensar o grupal. Isso implica um movimento bascular em que se torna imprescindível sustentar as categorias de análise específicas, particulares, dos recortes disciplinares e – ao mesmo tempo – manter sua problematização permanente, atravessando-as com as categorias de outras territorialidades disciplinares que os nós teóricos grupais enlaçam.

58 _____ *O campo grupal*

Projetos desse tipo só podem se desenvolver com a indagação crítica da epistemologia das ciências positivas, na qual ainda se fundamentam as chamadas ciências humanas – incluindo a psicanálise. Essa epistemologia pressupõe um objeto discreto autônomo, reproduzível, não contraditório e unívoco. Implica uma Lógica dO Uno em que a singularidade do objeto não seja afetada por eventuais aproximações disciplinares[23].

Essas lógicas de objeto discreto, imprescindíveis, por certo, nos momentos de fundação das ciências humanas, costumam criar suas próprias dificuldades para compreender situações de transferências múltiplas em diferentes territorialidades. Poder-se-ia pensar que, atualmente, começaram a produzir um obstáculo epistemológico na reflexão sobre o grupal. Conformaram algumas ilusões teórico-técnicas de difícil desarticulação; entre elas podemos mencionar: a possibilidade de construir um objeto teórico "grupo", a leitura dos acontecimentos grupais voltados para si mesmos (os grupos "ilha"), a psicanálise como disciplina "explicativa", unívoca, dos movimentos grupais, ou a negação da especificidade disciplinar do campo grupal.

O aparecimento de *propostas transdisciplinares*[24] está relacionado com o surgimento – ainda que incipiente – de outras formas de abordagem da questão, bem como da necessidade de utilizar critérios epistemológicos plu-

· · · · · · · · ·

23. Kaës, R. *Op. cit.*
24. Benoist, J. M. "La interdisciplinariedad en las ciencias sociales", em: L. Apostel e outros, *Interdisciplinariedad y ciencias humanas,* Tecnos, Unesco, Madri, 1982.

O singular e o coletivo

ralistas. Fala também da resistência de certos processos a sua simplificação unidisciplinar e sugere a oportunidade dos apagamentos de contornos de "indivíduos" e "sociedades", em tentativas de compreensão que abordem esses problemas do centro mesmo de sua complexidade.

Com sua proposta de atravessamentos disciplinares, essa tendência se inscreve numa nova tentativa de superação dos reducionismos psicologistas ou sociologistas. No entanto, pareceria abarcar um espectro mais amplo de questões; por um lado coloca em xeque as configurações hegemônicas de certas disciplinas "mestras", ou saberes arquetípicos aos quais se subordinaram outras territorialidades disciplinares; tem como uma de suas premissas mais fortes a implementação de *contatos locais e não globais entre os saberes*; de maneira tal que os saberes que as disciplinas "mestras" tinham satelitizado recuperem sua liberdade de diálogos multivalentes com outros saberes afins.

A invenção dos atravessamentos disciplinares como transgressão das especificidades cria as condições para fazer certos objetos científicos saírem de seu referencialismo dogmático e convida a construir uma *rede epistemológica* a partir de intercâmbios locais e não globais, em que as transferências de saberes se realizem segundo o eixo da metáfora e não segundo o da analogia. Transferências em estado de vigilância epistêmica e metodológica que se organizem em uma epistemologia crítica[25].

. . . .

25. Benoist, J. M. *Op. cit.*

Essa epistemologia crítica procura localizar os lugares de singularidade problemática, o grafo das circulações locais e particulares que faz com que uma questão, um problema, um "thema" estremeça os diversos saberes sem pretender conjurá-los sob uma forma globalizante; não há universais empírica ou especulativamente determinados, vestígios de uma época positivista, mas *matrizes generativas*, problemas com relação aos quais um atravessamento disciplinar dará conta tanto das distâncias e diferenças como das aproximações e divergências disciplinares.

Obviamente, esse movimento que desmancha os contornos dos objetos teóricos discretos, unívocos, implica não só o intercâmbio entre diferentes áreas de saber, mas a crítica interna de várias regiões de uma disciplina que, ao se transversalizar com outros saberes, põe em questão muitas de suas certezas teóricas[26].

. . . .

26. Essa questão é retomada no capítulo VII.

Capítulo III
A demanda pelos grupos

A. A ilusão das origens

A psicossociologia nasceu no cruzamento de numerosas disciplinas já formadas ou em vias de formação, tais como a psicologia social, a psicanálise, a psicopedagogia, a sociologia das organizações etc. Pode-se afirmar que o conjunto de conhecimentos cuja preocupação são os grupos humanos tem um de seus pontos de origem na imperiosa demanda proveniente da prática social empresarial, com particular localização nos Estados Unidos nos anos 20[1].

A introdução desse novo domínio do conhecimento tinha sem dúvida começado antes que tal demanda se tornasse operativa em pedidos concretos. Por exemplo, os trabalhos de Tarde, Mc Dugall, Le Bon e inclusive

. . . .

1. Lourau, R. *El análisis institucional*, Amorrortu, Buenos Aires, 1975. [Ed. bras.: *A análise institucional*, Vozes, Petrópolis, 1996.]

as primeiras investigações de Moreno são anteriores à Primeira Guerra Mundial.

Para além de certo interesse histórico, essas "condições de origem" das produções técnico-investigativas da microssociologia não são de pouca importância, uma vez que, de uma maneira ou outra, costumam estar operantes nos *corpora* teóricos e nas bagagens tecnológicas de diversas correntes grupalistas. Por outro lado, as críticas a sua origem continuam sendo uma das principais linhas de objeção, não só ideológicas como também teórico-epistêmicas.

As primeiras intervenções que logo darão lugar à microssociologia ou estudo dos pequenos grupos foram as de Elton Mayo (1924) com seus já famosos trabalhos, nas oficinas de Hawthorne da Western Electric Company perto de Chicago, onde se "descobre" que os trabalhadores constituem espontaneamente entre si grupos informais, com vida e organização próprias e cujo código implícito determina a atitude deles para com o trabalho. Ou seja, os indivíduos que compõem uma oficina não são simplesmente indivíduos, mas conformam um grupo, dentro do qual desenvolveram "redes informais", isto é, vínculos entre eles, como também com os superiores e com os regulamentos da empresa. Seu melhor rendimento depende mais da interação afetiva entre eles do que das melhorias em suas condições de trabalho[2].

....

2. Anzieu, U. *Op. cit.*

A demanda pelos grupos

Pela primeira vez aparece a formulação de uma *moral de grupo*: todo o movimento posterior de "Relações Humanas" teve como ponto de partida essa investigação que demonstrava a relação positiva entre produtividade e atitude do grupo com respeito à empresa. Encontra-se aqui portanto uma idéia embrionária de grupo associada a um conjunto de pessoas em intercâmbio informal afetivo; começa-se a vislumbrar a noção de um a mais que o grupo terá com respeito à simples somatória de seus integrantes; tal a mais se evidenciará por seus efeitos: maior rendimento.

Independentemente das múltiplas objeções ideológicas que esse tipo de intervenção psicossociológica mereceu, aquilo que seus técnicos atribuíam a um ainda misterioso funcionamento grupal, hoje poderia ser pensado incorporando conceitos como a noção de *transferência institucional*[3] proposto pela Análise Institucional. Entre os operários que realizaram essa experiência, produziam-se sem dúvida "intercâmbios afetivos"; embora estes mereçam ser analisados em sua especificidade, é importante indicar a probabilidade de que esses movimentos grupais estivessem marcados também pela circulação de atravessamentos de transferência institucional positiva, que a intervenção do próprio psicossociólogo punha em jogo; *ficavam confundidos assim, nesse caso, os sistemas de referência grupal e os sistemas de referência institucional.*

. . . .

3. Lourau, R. *Op. cit.*

Embora seja compreensível que essas diferenciações fossem invisíveis nos momentos iniciais desse campo de intervenção, merecem ser assinaladas, uma vez que com grande freqüência se observa – ainda hoje – a atribuição de capacidades intrínsecas aos grupos que deixam na invisibilidade atravessamentos e inscrições muito mais amplos que o próprio grupo.

Mas, para além dessas pontuações *a posteriori* – e possíveis em função de desenvolvimentos disciplinares mais atuais –, o certo é que o tipo de experiências aqui descritas pôs pela primeira vez os grupos no campo de mira de investigadores sociais, empresários e homens de Estado dos principais países centrais.

B. A dinâmica de grupo

Kurt Lewin, psicólogo da Escola de Berlim, que emigrou em 1930 para os Estados Unidos, trouxe princípios da *Gestalttheorie* para o estudo da personalidade e posteriormente para o estudo dos grupos. Aquela teoria demonstrara que a percepção e o hábito não se apóiam em elementos, mas sim em "estruturas". A Teoria da Gestalt evidenciou experimentalmente, refutando o associacionismo, que – em certas condições – cabe afirmar que *"o todo é mais que a soma das partes"*. Segundo essa corrente, a explicação dos fenômenos perceptuais deveria ser tentada através de uma unidade de análise – o campo perceptual – de um nível diferente do das unidades propostas até então: as sensações. Lewin explicará a ação individual a partir da estrutura que se estabelece entre o sujeito e seu ambiente em um momento determinado. Tal estrutura é um campo dinâmico, isto é, um sistema de forças em equilíbrio. Quando o equilíbrio se rompe, cria-se tensão no indivíduo e seu comportamento tem por finalidade restabelecê-lo.

Em 1938, utiliza o método experimental (pela primeira vez nas investigações grupais) para trabalhar a noção de *campo dinâmico*, dando lugar à tão conhecida experiência com grupos de crianças através da construção experimental de três climas sociais: autoritário, democrático e *laissez faire*[4]. Tinham partido de uma hipótese: a frustração provoca a agressão; ao concluir a experiência, porém, observou-se que as reações agressivas variavam de acordo com os climas grupais; estes últimos dependendo do estilo de coordenação.

Como essa experiência é realizada no começo da Segunda Guerra Mundial, ganha grande celebridade. Fornece fundamentação científica à valorização do ideal democrático ao demonstrar que nos grupos conduzidos democraticamente a tensão é menor, pois a agressividade é descarregada neles de maneira gradual em vez de se acumular e produzir apatia ou estouros, como nos outros dois grupos. Conclui que o grupo democrático, por alcançar mais facilmente o equilíbrio interno, é mais construtivo em suas atividades.

A partir daí, Lewin começa a desenvolver suas hipóteses centrais sobre os grupos: *o grupo é um todo cujas*

....

4. Anzieu, D. *Op. cit.*

propriedades são diferentes da soma das partes. O grupo e seu ambiente constituem um campo social dinâmico, cujos principais elementos são os subgrupos, os membros, os canais de comunicação, as barreiras. Modificando um elemento, pode-se modificar a estrutura.

O grupo é um campo de força em "equilíbrio quase estacionário". Esse equilíbrio não é estático, mas dinâmico, resultante de um jogo de forças antagônicas: por um lado, as forças que constituem as partes em um todo; por outro, as forças que tendem a desintegrar o conjunto.

Como se pode notar, é uma concepção claramente "gestaltista": o jogo de forças é pensado somente com relação ao todo; longe de as partes poderem explicar esse todo, entende cada uma delas em suas relações com todas as demais[5]. Conseqüentemente, um dos problemas mais importantes para Kurt Lewin e seus colaboradores é a investigação da *unidade do grupo e sua permanência como totalidade dinâmica* (donde os numerosos estudos dessa escola sobre a coesão grupal, a relação dos membros entre si, os processos de interação etc.), como também *as relações dinâmicas entre os elementos e as configurações de conjunto*. Nasce assim a *Dinâmica de Grupo*.

De modo tal que, para Kurt Lewin, o grupo é uma *realidade irredutível aos indivíduos que a compõem*, independentemente das similitudes ou diferenças de objeti-

....

5. Viet, J. *Los métodos estructuralistas en ciencias sociales*, Amorrortu, Buenos Aires, 1979.

A demanda pelos grupos _____ **67**

vos ou temperamentos que seus membros possam apresentar. É um sistema específico de interdependência, tanto entre os membros do grupo como entre os elementos do campo (finalidade, normas, percepção do mundo externo, divisão de papéis, *status* etc.). Nisso ele se diferencia daqueles que propõem como fator constitutivo do grupo a mera afinidade entre seus integrantes.

O funcionamento do grupo se explica pelo sistema de interdependência próprio daquele grupo em determinado momento, seja esse funcionamento interno (subgrupos, afinidades ou papéis) ou referido à ação sobre a realidade exterior. Nisso reside a força do grupo ou, em termos mais precisos, nisso reside o sistema de forças que o impulsiona, isto é, sua dinâmica[6].

As relações descobertas em laboratório sobre grupos "artificiais" passam a ser estudadas em seguida em agrupamentos da vida cotidiana: escritórios, escolas, bairros etc., na convicção de que o pequeno grupo permite vencer as resistências à mudança e provoca a evolução das estruturas do campo social (fábrica, consumidores, opinião pública etc.). A partir desse momento, trabalhará a temática da mudança social e a resistência à mudança com a famosa experiência de modificação de hábitos alimentares de 1943. Trabalha com a resistência das donas de casa norte-americanas durante a Segunda Guerra a incluir miúdos na dieta alimentar;

. . . .

6. Dinâmica: em um meio definido, certa distribuição de forças determina o comportamento de um objeto que possui propriedades definidas.

68 _O campo grupal_

era necessário modificar esses hábitos devido à falta de carne causada pelo abastecimento das tropas[7].

"Descobre" que tomar uma decisão em grupo compromete mais para a ação do que uma decisão individual; que é mais fácil mudar as idéias e as normas de um grupo pequeno do que as dos indivíduos isolados (hábitos alimentares, rendimento no trabalho, alcoolismo etc.) e que a conformidade com o grupo é um elemento fundamental ante a resistência interna para a mudança. Propõe-se a necessidade de reorientar a força resistencial a serviço da mudança. Nesse sentido, os dispositivos grupais que concebe mostram-se eficazes para tal objetivo.

A Teoria do Campo elaborada por K. Lewin abriu grandes possibilidades de estudo dos grupos e deu lugar a vastíssimas aplicações por parte de seus discípulos[8]; tornou possível a consolidação das "técnicas de laboratório social" e da "Pesquisa-Ação", instrumentos que, em sua implementação, extrapolaram seu lugar originário para serem aplicados a vários campos das ciências sociais. As contribuições da Teoria do Campo tiveram grande influência em âmbitos muito dissímeis; alguns de seus postulados – embora com importantes reformulações – deixaram marcas em autores argentinos como Pichon-Rivière[9] e Bleger[10]. Também foram

· · · · · · · · ·

7. Anzieu, D. _Op. cit._

8. Ver Cartwright, D. e Zander, A. _Dinámica de grupos. Investigación y teoría_, Trillas México, 1980.

9. Pichon-Rivière, E. _El proceso grupal_, Nueva Visión, Buenos Aires, 1975. [Ed. bras.: _O processo grupal_, São Paulo, Martins Fontes, 1998.]

10. Bleger, J. _Temas de psicología_, Nueva Visión, Buenos Aires, 1971. [Ed. bras.: _Temas de psicologia_, São Paulo, Martins Fontes, 2001.]

A *demanda pelos grupos*

incorporadas, em seus inícios, pelos psicanalistas da escola kleiniana que criaram dispositivos grupais na área psicoterapêutica.

P. Sbandi[11] afirma que *a concepção lewiniana do grupo como um todo significa o abandono da posição que coloca o indivíduo em primeiro plano*. Assinala, no entanto, que embora Lewin acentue a interdependência dos membros, mantém invisíveis os pressupostos sobre os quais se funda tal interdependência; considera, também, que serão os aportes psicanalíticos relativos aos processos identificatórios, às relações emocionais e aos processos inconscientes que tornarão possível aprofundar essa questão.

C. Critérios epistêmicos de Kurt Lewin

Interessa ressaltar algumas posições epistemológicas desse autor a partir das quais ele pensava o grupal. Embora se saiba que Kurt Lewin tomou diversas noções da Física, é importante assinalar que o que importou dessa disciplina não foram tanto suas leis como seus princípios metodológicos; enfatizou a construção teórica de conceitos que não derivam da experiência. Em *Dinâmica da personalidade*, opõe ao conceito aristotélico de lei o conceito de lei galileano. Para o primeiro, são legais e inteligíveis as coisas que ocorrem sem exceção, também podem ser incluídas as que ocorrem

....

11. Sbandi, P. *Psicología de grupo*, Herder, Barcelona, 1976.

com freqüência; para essa concepção, os fatos individuais, que ocorrem uma única vez, são mero acaso e ficam fora da legalidade[12]. Para Galileu, em contrapartida, que o fato descrito pela lei ocorra raramente ou com freqüência não compromete a presença da lei; o caso pode suceder uma única vez ou várias, o que interessa é que todo acontecimento é legal.

A lei, para Lewin, é lei estrutural, já que estabelece uma relação funcional entre os aspectos de uma situação; nesse sentido, o acontecimento depende da totalidade da situação. No campo formado pela unidade funcional de pessoa e ambiente, a situação é única, cambiante e caracterizada pela totalidade das inter-relações que se dão em um determinado momento. Por isso, segundo Lewin, para a Psicologia não faz sentido estabelecer leis de acordo com o critério aristotélico, na medida em que este leva em conta os fatores comuns a todas as situações ou às que aparecem com mais freqüência. Deve-se proceder de acordo com o critério da física galileana, que obrigava a levar em conta, antes de mais nada, a totalidade da situação.

> O que agora é importante para a investigação da dinâmica não é abstrair um fato de sua situação, mas descobrir as situações nas quais os fatores determinantes da estrutura dinâmica total se manifestam de modo mais claro e puro. Em vez de uma referência à média abstrata de tantos casos historicamente dados quantos hou-

·········

12. Lewin, K. *Dinámica de la personalidad*, Morata, Madri, 1969.

ver, fornece-se a referência que corresponde ao conteúdo concreto de uma situação específica.[13]

Em Psicologia Social, a Teoria do Campo de Lewin foi muitas vezes interpretada em um sentido "globalista" ou totalista, isto é, como se sua contribuição às ciências humanas tivesse consistido em afirmar a impossibilidade de dividir por análise o campo e depois reconstruí-lo a partir das partes assim obtidas. Já foi dito que ele levou a premissa da *Gestalttheorie* "o todo é mais que a soma das partes" para suas análises sobre os grupos, mas a intenção de Lewin era ir muito mais longe, no sentido de especificar a noção "estrutural" mediante um tratamento matemático. Assim, por exemplo, Alex Bavelas levou a cabo essa precisão transpondo a "topologia" de Lewin – talvez o essencial de sua Teoria do Campo – para uma representação gráfica isenta de ambigüidades.

Apesar de suas insuficiências, a concepção estrutural de Lewin seguiu firmemente a tendência metodológica apenas esboçada pelos psicólogos da Gestalt, que ia da simples descrição das totalidades irredutíveis à análise explicativa. Suas contribuições são uma tentativa de explicar as interações observáveis por um sistema de leis, que se tenta reconstruir por meio de modelos matemáticos. Embora tenha herdado dos psicólogos da Gestalt a noção de forma como um todo organizado, não caiu como eles no reducionismo fisicalista do equi-

· · · · · · · · ·

13. Lewin, K. *Op. cit.*

líbrio estático; no entanto, manteve em comum com essa escola o esquecimento da perspectiva histórica. Pelo fato de que o campo só dá conta da conduta em um dado momento, inscreve-se em uma psicologia dos estados momentâneos[14].

Desse modo, o dinamismo do campo estrutural foi pensado por Lewin em termos estritamente espaciais, deixando de lado a dimensão temporal e com ela a perspectiva histórica.

Resumindo, a linha que vai de Elton Mayo a Kurt Lewin reveste-se de importância para a presente análise na medida em que permite demarcar momentos-chave para uma tentativa de reconstrução genealógica das teorizações sobre os grupos humanos. É a partir deles e de seus continuadores que se desenvolve uma nova disciplina, a Microssociologia. Para além de suas derivações posteriores, estão ali, em germe, muitas das idéias que – ainda hoje – é necessário elucidar.

Por outro lado, foram um marco de fundação do *Dispositivo dos grupos*, a partir do qual *se instituíram formas grupais de abordagem em diversas áreas da realidade social*. Os novos técnicos que dali surgiram começaram a inscrever sua prática social nesse dispositivo histórico. No plano teórico, apareceram os *primeiros esboços de pesquisa e hierarquização de legalidades grupais*.

Até aqui temos então que para K. Lewin um grupo é um conjunto de pessoas reunidas, por razões experi-

....

14. Castorina, J. A. *Explicación y modelos en psicología*, Nueva Visión, Buenos Aires, 1973.

mentais ou de sua vida diária, para realizar algo em comum e que estabelecem relações entre si; conformarão desse modo uma totalidade que produz maiores efeitos que os mesmos indivíduos isolados. Isso quer dizer que o grupo é irredutível aos indivíduos que o compõem, na medida em que estes estabeleçam um sistema de interdependência; disso dependerá a força ou dinâmica de um grupo.

D. Primeiro momento epistêmico:
o todo é mais que a soma das partes

A pergunta sobre o grupo enquanto "todo mais que a soma das partes" foi uma das questões clássicas na história da chamada Psicologia dos Grupos. A partir da aplicação que K. Lewin realiza dessa premissa da *Gestalttheorie* aos grupos, ela passou a ser um divisor de águas no que diz respeito ao tema. Fortes *a priori* conceituais orientaram as tomadas de posição de totalistas e elementaristas[15].

Essa contribuição da Gestalt às primeiras conceituações sobre os grupos ressalta a idéia de *totalidade*, constituindo um marco importante na busca da especificidade disciplinar; cria as bases para que esses conjuntos, até então diluídos entre Indivíduos e Sociedades, pudessem ser particularizados. Desse modo, a partir desses princípios de demarcação criam-se as condições

. . . .

15. Ver capítulo II.

74 _____ *O campo grupal*

para a produção de dispositivos técnicos e para a organização dos primeiros discursos sobre a grupalidade.

No entanto, a *relação todo-partes* é um problema cuja resposta é sempre complexa; porque, mesmo aceitando que o todo fosse, nos grupos, mais que a soma das partes, como categorizar esse a mais? Que relação se atribui ao todo com respeito às partes?

A relação todo-partes foi tratada por diferentes formas de abordagem. *Formulações estruturalistas* posteriores à Gestalt indicaram que o problema não passava por comprovar que o todo era mais que a soma das partes, ou igual, mas por verificar se – nesse todo – as partes organizam relações e que tipo de relações conformam (seja entre elas ou entre as partes e o todo). Estabelecidas as relações das partes entre si e com o todo, o fato de haver situações aditivas entre partes[16] ou momentos de particularização de partes não seria uma refutação à formulação. Ao mesmo tempo, na vertente estruturalista, a relação todo-partes inscreveu-se posteriormente na necessidade de delimitar uma estrutura subjacente, da qual todo movimento grupal é efeito[17]. De modo tal que, para essa perspectiva, o problema da redefinição da relação todo-partes é cruzado pela relação acontecimento-estrutura: esta parece operar como um verdadeiro *a priori* conceitual, em virtude do qual se "resolve" a tensão a favor do pólo estrutura, subsu-

· · · · · · · · ·

16. Castorina, J. A. *Op. cit.*
17. Bohoslavsky. "Grupos: propuestas para una teoría", *Rev. Argentina de Psicología*, n? 22, Buenos Aires, dezembro de 1977.

A demanda pelos grupos _____ **75**

me-se o pólo acontecimento e este passa a circular como mero efeito de estrutura.

Nesse sentido, faz-se necessário diferenciar a importância que teve a caracterização do grupo como um todo de algumas de suas conseqüências teórico-técnicas; muitas vezes, ao pensar a relação partes-todo a partir de critérios homogeneizantes, subordinam-se as particularidades, diferenças e singularidades a uma totalidade homogênea, global e massificadora. *Um todo pensado como um grande Único e não como as diversidades do Múltiplo*[18].

Assim como os *pensadores pós-estruturalistas* vêm tentando, nos últimos anos, pensar outras formas de articulação entre acontecimentos e estrutura, de modo tal que os primeiros não sejam meramente um efeito da segunda, também tendem a considerar outras formas de relação todo-partes. Nesse sentido, são de interesse para a reflexão do tema as contribuições de Deleuze e Guattari[19]. Esses autores afirmam que essa questão foi tradicionalmente mal formulada tanto pelo vitalismo como pelo mecanicismo clássicos, na medida em que o todo é considerado como totalidade derivada de partes ou como totalização dialética. Assim, dirão:

> Não acreditamos mais nesses falsos fragmentos que, como os pedaços da estátua antiga, esperam ser completados e recolados para compor uma unidade que é também

· · · · · · · · ·

18. Ver "O todo não é tudo" (capítulo IV).

19. Deleuze, G. e Guattari, F. *El anti-Edipo*, Barral, Barcelona, 1972. [Ed. bras.: *O anti-Édipo*, Rio de Janeiro, Imago, 1976.]

a unidade de origem. Não acreditamos mais em uma totalidade original, nem numa totalidade de destinação. Não acreditamos mais no acinzentado de uma insípida dialética evolutiva, que pretende pacificar os pedaços porque arredonda suas arestas. Só acreditamos em totalidades "ao lado". E se encontramos uma totalidade assim, ao lado das partes, essa totalidade é um todo "dessas" partes, mas que não as totaliza, uma unidade "de" todas essas partes, mas que não as unifica, e que se acrescenta a elas como uma nova parte composta à parte.

É interessante a reformulação proposta por esses autores na medida em que acentuam *o caráter do múltiplo: irredutível à unidade*. Desse modo, pensam o todo como produzido, como uma parte ao lado das partes que nem as unifica nem as totaliza, mas que se aplica a elas organizando relações transversais entre elementos que conservam toda a sua diferença nas suas dimensões próprias.

A relação todo-partes não se reveste de uma importância meramente especulativa, mas é decisiva tanto na forma de teorizar o grupal como nas formas de intervenções interpretantes dos coordenadores[20].

Em suma, o reconhecimento de um todo, o grupo, teve uma importância histórica na demarcação dos saberes e fazeres da grupalidade. Foi provável a forma intuitiva, embrionária, de demarcação de um campo próprio

. . . .

20. Essa questão é retomada nos capítulos IV e V.

A demanda pelos grupos

para os fenômenos grupais, não redutível aos fenômenos individuais. Nesse sentido, também se pode pensar que o campo semântico em uma de suas figurações, *círculo*, deve operar significância no termo *todo*, ou seja, remete a ele.

O grupo imaginado mais como um todo que como a soma das partes constitui um *primeiro momento epistêmico* na institucionalização de saberes e práticas grupais. Talvez não fosse exagerado afirmar nesse sentido que essa premissa configurou um *imaginário fundador* desse campo disciplinar, isto é, operou – como diria Benoist[21] – um *espaço de proposição*, não necessariamente demonstrável, que orientou a busca da especificidade do campo. Daí a importância de sua pontualização para uma genealogia do grupal.

E. Análise da demanda

Qual é a situação político-econômica da sociedade norte-americana no momento em que Elton Mayo realiza sua intervenção na Western Electric Company?[22] Já numa etapa de grande empresa, os empresários começam a entender a necessidade de regular a produção em todos os seus aspectos: maquinário, mão-de-obra,

. . . .

21. Benoist, J. M. *Op. cit.* Segundo esse autor, os imaginários fundadores têm o poder de propor, desde uma disciplina em formação, noções que para o consenso da época resultam pouco aceitáveis. São corpos de proposições fundacionais que se caracterizam por um alto nível de recorrência e pelas polêmicas que desencadeiam.

22. A análise dessa demanda evidencia o entrecruzamento dos espaços científico, ético e político indicados no capítulo II.

distribuição. É a época da organização científica do trabalho (Taylor). O técnico em destaque nesse momento da sociedade industrial é o engenheiro de produção com sua grande contribuição tecnológica: *o trabalho em cadeia*. Esse sistema foi suprimindo cada vez mais o trabalho vivo, mas os inconvenientes e as insuficiências que o taylorismo acreditou poder sanar mediante uma racionalização cada vez mais acentuada apareciam agora como "disfunções" ligadas ao *fator humano*.

Ali onde se achava que o *organograma* solucionava todos os problemas, nascerá o interesse pelo *sociograma*. Dos dois aspectos indissolúveis do processo do trabalho: as *relações materiais* do indivíduo com os objetos da produção e as *relações sociais* dos trabalhadores entre si, haviam descuidado do segundo.

Começava-se a ver que por trás do efeito humano – a "indolência" do trabalhador, segundo Taylor – havia uma resposta que o operário dirigia a um sistema de relações impessoais frustrantes; essa intuição passa a ser considerada uma das chaves para entender o baixo rendimento.

Surge assim o pedido a Elton Mayo; *demanda social que põe em evidência um vazio: a carência técnico-social ante os problemas que, nesse caso, as novas formas de produção geram*[23]. Os novos problemas não podem mais ser resolvidos mediante as técnicas de racionalização; exi-

....

23. Lourau, R. *Op. cit*. Distinguimos pedido e demanda no mesmo sentido que este autor. Para uma análise detalhada desses termos, ver Woronowski, M. *Pichon Rivière y la crítica de la vida cotidiana*, Dpto. Publicações, Faculdade de Psicologia, UBA, 1988.

A demanda pelos grupos

gem a intervenção de novos especialistas, de modo tal que ao engenheiro de produção sucedem os técnicos em grupos, os especialistas em relações humanas, que se anteciparam em "elaborar as frustrações" que a crise dos anos trinta agravaria para a maioria da sociedade norte-americana.

No que concerne a K. Lewin, ele também desenvolverá seus trabalhos em um momento político candente. Como já foi dito, suas investigações *deram fundamento científico aos ideais democráticos*; mas que idéia de democracia está em jogo nelas? A democracia entendida como livre discussão; a discussão democrática como recurso dos pequenos grupos para aliviar tensões.

Por outro lado, os técnicos capazes de interferir nas mudanças de hábitos, na orientação do consumo, ou seja, os técnicos de grupo, irão se tornar cada vez mais imprescindíveis[24] em uma "cultura" industrial que implementará a sociedade de consumo como alternativa para sair de uma de suas crises econômicas mais severas.

Com E. Mayo e K. Lewin organiza-se uma disciplina: a *Dinâmica de Grupo*; desde o começo, ela acoplará campo de análise e campo de intervenção; as primeiras investigações sobre grupos surgem em resposta a uma demanda econômico-política, dando lugar ao "Dispositivo Grupal". Tem-se aí uma das características do dispositivo foucaultiano: "formação que num momento histórico determinado teve como função principal

....

24. Sobre o caráter não natural das necessidades sociais, ver Castoriadis, C. *Op. cit.*

80 _____ O campo grupal

responder a uma *urgência*; o dispositivo tem portanto uma função estratégica dominante"[25].

Que urgência? Sem dúvida, *manter e melhorar o nível de produção da grande empresa*, estimulando as relações informais entre os operários; a futura disciplina das Relações Humanas construiu aqui um de seus pilares básicos. Mas também *reforçar os ideais democráticos, operar sobre o consumo* etc.; a *Dinâmica de Grupo* irá se expandir rapidamente por diversos campos: empresarial, educacional, de mercado etc. Portanto, urgência situada historicamente, em função de imperativos econômicos e políticos do sistema do qual faz parte.

O momento e o lugar em que a Dinâmica de Grupo surgiu não foram acidentais. A sociedade norte-americana dos anos 30 proporcionou o tipo de condições necessárias para que esse movimento surgisse. Entre elas, merece destaque a aposta que os setores hegemônicos dessa sociedade haviam feito na ciência, na tecnologia e na solução racional de seus problemas como pilares de seu progresso. A convicção de que uma democracia pode melhorar tanto a natureza humana como a sociedade a partir da educação, da religião, da legislação e do trabalho duro. Dessa perspectiva, começa a haver um investimento econômico na investigação e esta começa a ser considerada um motor fundamental de resolução dos problemas da sociedade; ou seja, vai se consolidando a crença de que a descoberta sistemática dos fatos facilitaria a solução de "proble-

....

25. Foucault, M. *El discurso del poder*, Folios, México, 1983.

A demanda pelos grupos ———————————————— **81**

mas sociais". Assim, quando depois da Segunda Guerra Mundial começou a rápida expansão norte-americana, já estavam preparados para dar apoio financeiro a essa investigação; este apoio proveio não só de instituições e fundações acadêmicas, mas também de empresas e organizações interessadas em "melhorar as relações humanas" e do próprio governo federal.[26] Além desses fatores, cabe assinalar que parte do mundo acadêmico norte-americano da época havia iniciado sua "rebelião empírica nas ciências sociais"[27], que viria a opor à especulação sobre a natureza dos fenômenos humanos a necessidade de investigar experimentalmente os fenômenos sociais, ganhando assim um desenvolvimento rápido e importante uma psicologia social de metodologia experimental.

Nesse ponto, interessa contrastar a demanda social na qual se inscreveu a microssociologia empresarial norte-americana com as condições de produção que tornaram possível a invenção e posterior difusão dos grupos operativos a partir de Pichon-Rivière na Argentina.

Desde sua mítica intervenção no Hospicio de las Mercedes[28] e a Experiência Rosário[29], que forneceram os primeiros delineamentos do trabalho, é possível destacar algumas diferenças. Talvez a mais significativa

· · · · · · · · ·

26. Cartwright, D. e Zander, A. *Dinámica de grupos. Investigación y teoría*, Trillas, México, 1980.

27. Cartwright, D. e Zander, A. *Op. cit.*

28. Zito Lema, J. *Conversaciones con Enrique Pichon-Rivière.*

29. Pichon-Rivière, E. *El proceso grupal, del psicoanálisis a la psicología social I*, Nueva Visión, Buenos Aires, 1977. [Ed. bras.: *O processo grupal*, São Paulo, Martins Fontes, 7ª ed., 2005.]

seja o fato de que os grupos operativos não surgem de uma solicitação dos centros de poder institucional, nem estão orientados pela intenção de consolidar hegemonias instituídas. Muito pelo contrário, suas localizações iniciais, assim como muitos de seus desenvolvimentos posteriores, implantaram-se nas margens das instituições ou nos interstícios das hegemonias; em muitos casos, foram animados por claras utopias contra-institucionais.

Se as latências de uma demanda social põem em evidência um vazio, a que urgência do *socius* os grupos operativos foram resposta? Essa demanda pelos grupos na Argentina (décadas de 60 e 70) se dá em um corpo social agitado, no auge das lutas populares. Grande parte da intelectualidade dos anos 60 caracterizou-se por estar imbuída de fortes utopias sociais. Muitos dos profissionais do campo "psi" que implementaram essas práticas foram críticos dos autoritarismos institucionais: hierarquias médico-hospitalares, autoritarismo psiquiátrico-manicomial, pirâmide da APA, verticalidade nos espaços educativos etc. Junto com outras formas de abordagens grupais, como por exemplo o psicodrama psicanalítico, os grupos operativos foram instrumentos-chave para o trabalho nos espaços públicos. Nesse sentido, constituíram uma forte ancoragem emblemática para os jovens profissionais da saúde que passaram a denominar a si mesmos trabalhadores da saúde mental.

Independentemente do rumo tomado posteriormente pelos grupos operativos – sua própria institucionalização –, interessa sublinhar que, com suas propostas de "aprender a pensar", "romper estereótipos",

A demanda pelos grupos ———————————————— **83**

"elaborar as ansiedades ante a mudança", criaram condições para que palavras e corpos sufocados nas hierarquias instituídas pudessem se pôr em movimento, ligar-se a outras formas sociais, criar novos sentidos para as práticas coletivas.

Na verdade, no surgimento de qualquer disciplina há uma urgência histórica que a torna possível e "necessidades" sociais que orientam seu desenvolvimento; ou seja, não há muito acaso no "socius". Ao mesmo tempo, o arcabouço social em que muitas disciplinas e profissões inscrevem suas práticas costuma constituir-se num impensável significativamente resistente[30].

Por outro lado, faz-se necessário superar certo maniqueísmo derivado muitas vezes das posturas epistemológicas althusserianas, que postularam rupturas um tanto ilusórias entre momentos pré-científicos ou ideológicos e momentos científicos a partir da constituição do objeto formal abstrato de uma disciplina, subestimando a necessidade da articulação entre ciência e prática social, entre a produtividade dos saberes e a eficácia dos poderes. É como Foucault pontua a articulação saber-poder, na medida em que todo campo disciplinar mantém com respeito ao poder efeitos de eficácia e com respeito ao saber efeitos de produtividade.

· · · · · · · · ·

30. Talvez a psicanálise seja um exemplo paradigmático desses impensáveis; são sumamente sugestivas as análises da inscrição social de suas práticas nas estratégias biopolíticas: Foucault, M. *Historia de la sexualidad*, vol. I, Siglo XXI, México, 1978 [Ed. bras.: *História da sexualidade 1*, Rio de Janeiro, Graal, 2003.]; Donzelot, *La policía de las familias*. PreTextos, Valência, 1979 [Ed. bras.: *A polícia das famílias*, Rio de Janeiro, Graal, 2001.]; Castel, R. *El psicoanalismo*, Siglo XXI, México, 1980. [Ed. bras.: *O psicanalismo*, Rio de Janeiro, Graal, 1978.]

84 _____ *O campo grupal*

Portanto, *a análise de um campo disciplinar* – nesse caso, os discursos e técnicas grupais – deverá ser pensada enquanto *conjuntos de conhecimento que tal campo produz,* elucidando como *se articulam – em cada caso – essas produções de conhecimento com os jogos de poder* e indagando-se *em que estratégias de saber-poder os técnicos de tal campo disciplinar desenvolverão suas práticas sociais.* A conjunção do dito acima cria condições para poder delimitar *que zonas ganharão visibilidade ou invisibilidade* para tal campo disciplinar e *quais se manterão necessariamente invisíveis e não enunciáveis*[31].

Nesse sentido, é importante sublinhar que a mesma relação que define o visível de um campo teórico e sua prática define o invisível; tal campo demarca o invisível como o excluído de sua visibilidade, ou seja, contém o invisível como sua própria denegação, de tal forma que os futuros novos objetos são hoje os objetos proibidos da teoria; esta atravessa seus não objetos sem vê-los, para não olhar para eles[32].

Num sentido genealógico, seria útil pensar a que se deveu a obrigatoriedade de ver – nos primeiros dispositivos grupais – o grupo centrado no grupo, como um todo auto-regulado e autônomo, voltado para si mesmo, o "grupo-ilha", tal como foi denominado em um trabalho anterior[33].

· · · · · · · · ·

31. Foucault, M. *L'archéologie du savoir*, Gallimard, Paris, 1969. [Ed. bras.: *A arqueologia do saber*, São Paulo, Forense Universitária, 2004.]

32. Ducrot e outros. *¿Qué es el estructuralismo?*, Ed. Losada.

33. Fernández, A. e Del Cueto, A. "El dispositivo grupal", em *Lo Grupal 2*, Búsqueda, Buenos Aires, 1965.

A demanda pelos grupos

Dada a demanda social a que responderam, os dispositivos grupais produzidos a partir de Mayo-Lewin tiveram necessariamente de manter na invisibilidade os atravessamentos institucionais, políticos e ideológicos nos quais, contudo, ficaram inscritos tanto seus discursos da grupalidade como suas intervenções técnicas.

Não se deve subestimar, contudo, o fato de que tais dispositivos tornaram possível a visibilidade de importantes mecanismos de funcionamento dos grupos: lideranças, papéis, dificuldades na tomada de decisões, mudança, resistência à mudança, jogos tensionais dentro do grupo etc. A partir dessas visibilidades possíveis, organizaram-se seus enunciáveis. Junto com esses visíveis, deixaram como seus invisíveis necessários os processos inconscientes que atravessam tais mecanismos, bem como a inscrição institucional e suas eficácias no próprio seio de tais mecanismos grupais.

Isso não significa uma crítica a supostos erros, mas uma pontuação das novas e necessárias visibilidades para tentar compreender as produções de posteriores enunciados da grupalidade. Já que – como foi sublinhado – o invisível é o excluído da visibilidade, o proibido de ser visto, também é importante pontuar que, quando um campo teórico se rearticula, transforma em novas territorialidades as zonas que, na demarcação anterior, nem sequer tinham sido notadas. Daí a importância para uma genealogia do grupal pontualizar as zonas de visibilidade e enunciabilidade que uma corrente abre, e quais ficam fora de sua ótica, à espera de futuros investigadores.

86 _____ *O campo grupal*

Mais que buscar acordos ou desacordos com os autores abordados, essa forma de análise propõe-se a adotar uma atitude de indagação crítica para realizar algumas notas no traçado de uma genealogia do campo disciplinar, um olhar histórico que mais que organizar uma cronologia possa dar conta das condições de constituição de seus saberes e domínios de objeto; que possa pensar não só o "desenvolvimento" conceitual de suas idéias, mas estas e as áreas problemáticas que o campo do saber inaugura como a complexa articulação de: *a urgência histórica que torna possível o surgimento de um campo disciplinar, as necessidades sociais que o fazem desdobrar-se, os* a priori *conceituais a partir dos quais ordena seus conhecimentos e os dispositivos tecnológicos que inventa.*

F. O nascimento do grupal

Antes de avançar, faz-se necessário esclarecer o sentido com que são utilizados os termos *Dispositivo dos Grupos* e *dispositivos grupais*[34]. O primeiro se refere ao surgimento histórico – a partir de 1930, 1940 aproximadamente – de alguns critérios em virtude dos quais se começou a pensar em artifícios grupais para "resolver" alguns conflitos que surgiam nas relações sociais. Adquirem visibilidade conflitos humanos na

....

34. Em trabalhos anteriores, o uso de ambas as expressões está menos discriminado; para sua maior precisão foram de grande utilidade as pontuações e críticas de Roberto Montenegro, docente da Cátedra de Teoria e Técnica de grupos. Faculdade de Psicologia, UBA.

A demanda pelos grupos

produção econômica, na saúde, na educação, na família, e as instâncias organizativas da sociedade passam a considerar essas questões como parte dos problemas que devem resolver.

As tecnologias previamente existentes são consideradas ineficazes; os conflitos tornados manifestos exigem outras formas de intervenção e especialistas adequados a tais fins.

De diferentes pontos de partida inventa-se uma nova tecnologia: o Dispositivo dos Grupos; aparece um novo técnico: o coordenador de grupos; nasce uma nova convicção: as abordagens grupais podem operar como *espaços táticos*[35] com os quais se tentará dar resposta a múltiplos problemas que o avanço da modernidade gera.

O Dispositivo dos Grupos conta com várias localizações fundacionais, que criam as condições para a institucionalização de tecnologias grupais nos mais diversos campos de aplicação. Seu rápido desenvolvimento evidencia que foi resposta a uma "urgência histórica" que o tornou possível e para necessidades do *socius* que o fizeram desdobrar-se. Por sua vez, no mesmo processo em que se instituiu esse tipo de intervenção, delimitaram-se seus recortes disciplinares, consolidaram-se seus discursos e se estabeleceram seus impensáveis[36].

· · · · · · · · ·

35. Fernández, A. e Del Cueto, A. "El dispositivo grupal", em *Lo Grupal 2*, Búsqueda, Buenos Aires, 1985. Também se pode notar em *Lo Grupal 4*, Búsqueda, Buenos Aires, 1987, que em "Modernidad, Inconsciente y Grupos" O. Saidón utiliza esse termo em sentido similar.

36. Como se poderá notar, tenta-se aqui dar ao termo Dispositivo dos Grupos um sentido foucaultiano. Foucault, M. *Historia de la sexualidad, op. cit.*

Em contrapartida, quando utilizamos a expressão *dispositivos grupais*, fazemos referência às diversas modalidades de trabalho com grupos que ganharam certa presença própria em função das características teórico-técnicas escolhidas, bem como dos campos de aplicação em que se difundiram. Assim, por exemplo, pode-se falar de dispositivos grupais psicanalíticos, psicodramáticos, de grupo operativo, gestálticos etc. Cada um deles cria condições para a produção de determinados efeitos de grupo – e não outros –; nesse sentido, são virtualidades específicas, *artifícios* locais dos quais se esperam determinados efeitos.

Os dispositivos grupais fazem parte do Dispositivo dos Grupos na medida em que, historicamente, a partir das primeiras experiências de K. Lewin e E. Mayo por um lado e as experiências de Moreno e o desenho da clínica psicanalítica de instâncias por outro, inaugura-se uma modalidade que abre espaços de número numerável de pessoas para a produção de efeitos específicos em diversas formas de intervenções institucionais.

Pretendemos destacar, assim, o caráter virtual dos efeitos de grupo, diferenciando essas elucidações daquelas animadas por um interesse ôntico: precisar o que é um grupo. Pelo contrário, afirmamos – num sentido genealógico – que aquilo que as diferentes orientações no campo do grupal abriram como visibilidade no que diz respeito ao que são os grupos, muitas vezes foi capturado pelos efeitos do dispositivo montado; no entanto, produziram a ilusão de ter encontrado características essenciais dos grupos.

A *demanda pelos grupos*

Procuramos problematizar essa essencialização quando afirmamos que as áreas de visibilidade abertas e seus enunciados são produto da complexa articulação da demanda social a que responde, de seu posicionamento na tensão do singular e do coletivo, dos dispositivos grupais montados e de seus impensáveis institucionais.

Os grupos não são o grupal. Bion[37] já havia intuído algo nesse sentido ao indicar que requisitos tais como o de que um conjunto de pessoas se reúna em um mesmo lugar e ao mesmo tempo são somente necessários para tornar possível o estudo dos grupos, assim como é necessário que o analista e o analisante se reúnam para que seja possível demonstrar uma relação de transferência. Esse autor dizia:

> somente se os indivíduos se aproximam suficientemente uns dos outros é possível dar uma interpretação sem necessidade de gritar; da mesma maneira é necessário que todos os membros de um grupo possam comprovar os elementos nos quais se fundamentam as interpretações. Por essas razões, o número e o grau de dispersão do grupo devem ser limitados. O fato de que o grupo se constitua em um lugar determinado e em um momento determinado é importante pelas *razões mecânicas assinaladas*, mas não tem maior significado para a produção de fenômenos de grupo; a idéia de que isso seja significativo surge da impressão que estabelece que uma coisa

. . . .

37 Bion, W. *Experiencias en grupos*, Paidós, Buenos Aires, 1963. [Ed. bras.: *Experiências com grupos*, Rio de Janeiro, Imago, 2003.]

começa no momento em que sua existência se torna palpável [...] a existência da conduta de grupo se torna evidentemente mais fácil de demonstrar, e também de observar, se o grupo se constitui como tal.[38]

Essa intuição de Bion sublinha que, embora os seres humanos sejam impensáveis fora de grupos, os grupos tornam-se visíveis a partir da montagem de dispositivos técnicos tais que permitam demonstrar e observar as condutas de grupo.

Revelam-se aqui dois níveis de existência dos grupos: o primeiro, fático, enquanto fatos sociais; o segundo, do campo disciplinar, na medida em que, ao se montarem os sucessivos dispositivos grupais do Dispositivo dos Grupos, os grupos tornam-se paulatinamente visíveis, observáveis, comprováveis, explicáveis, experimentáveis, teorizáveis, ou seja, enunciáveis. Nesse sentido, *ao instituir dispositivos grupais, a microssociologia localizou um dos nascimentos do grupal. Antes dela, os grupos estavam ali, numa imediatez tal que não podiam ser vistos.*

· · · · · · · · ·

38 Bion, W. *Op. cit.* Grifo meu.

Capítulo IV
Para uma clínica grupal

A. Primeiros dispositivos grupais terapêuticos

Considera-se que as primeiras tentativas de abordagens coletivas com fins terapêuticos foram as atividades iniciadas por Pratt em 1905, ao introduzir o sistema de "aulas coletivas" numa sala de pacientes tuberculosos. O objetivo dessa terapia era acelerar a recuperação física dos doentes, mediante uma série de medidas sugestivas destinadas a que eles cumprissem da melhor maneira possível seu regime dentro de um clima de cooperação ou, melhor dizendo, de emulação. As aulas ou sessões às quais concorriam mais de cinqüenta pacientes constavam de uma breve conferência do terapeuta que dissertava sobre a higiene ou os problemas do tratamento da tuberculose; em seguida, os pacientes formulavam as perguntas ou discutiam o tema com o médico. Nessas reuniões, os doentes mais interessados nas atividades coletivas e os que melhor cumpriam o regime passavam a ocupar as primeiras fileiras da classe, estabelecendo-se uma escala hierárquica bem definida, conhecida e respeitada por todos. Diante dos bons resultados que esse método dava, Pratt escreveu um trabalho preliminar em 1906, que ampliou nos anos subseqüentes; rapidamente, outros experimentaram sua técnica com resultados similares[1].

O mérito de Pratt foi *utilizar de forma sistemática e deliberada as emoções coletivas com uma finalidade terapêutica*. Sua técnica apoiava-se em dois pilares: ativar de forma controlada o aparecimento de sentimentos de emulação e solidariedade no grupo e assumir, ele mesmo, o papel de uma figura paterna idealizada. O método incentivava um forte enlace emocional do doente com o médico; ilustra graficamente tal propósito seu sistema de promoções que premiava "o bom paciente", permitindo-lhe sentar-se cada vez mais perto dele nas reuniões.

Considerando a importância da idealização do médico, não é de estranhar que a estrutura e a função desse tipo de grupo fossem similares às de certos grupos religiosos que perseguem fins parecidos.

Os métodos que seguiram a orientação de Pratt foram denominados genericamente *terapias exortativas parentais que agem "mediante" o grupo*[2]. Diz-se que agem "mediante" o grupo porque incitam e se valem das emoções coletivas, embora não tentem compreendê-las. Busca-se a solidariedade do grupo com fins terapêuti-

·········

1. Grinberg, L., Langer, M. e Rodrigué, E. *Psicoterapia de grupo*, Paidós, Buenos Aires, 1971.
2. Grinberg e outros. *Op. cit.*

Para uma clínica grupal _____ **93**

cos; Pratt, Buck e Chapel utilizaram esse método como uma forma auxiliar dos tratamentos médicos de pacientes com transtornos orgânicos crônicos (tuberculosos, diabéticos etc.)[3].

Em versões mais atuais, pode-se encontrar esse tipo de técnicas auxiliares em algumas formas de tratamentos de obesos que tomam como um dos meios terapêuticos o "carisma" do médico, geralmente muito reconhecido socialmente.

A partir dessa primeira corrente, que ainda conta com adeptos, produziu-se uma interessante diferenciação; as *terapias que agem "mediante" o grupo, com uma estrutura fraternal*. Nesse caso, o dinamismo é análogo: *incitar e canalizar emoções coletivas em grupos solidários*; o tipo de relação entre o grupo e o terapeuta é, contudo, diametralmente oposto ao da corrente exemplificada por Pratt. Em vez de idealizar o médico, essa corrente estimula uma fraternidade que busca uma maior sustentação entre seus membros, diminuindo ao máximo a liderança centrada no técnico.

O melhor exemplo dessa tendência terapêutica são os "alcoólicos anônimos" (os AA); essa organização, iniciada em 1935, ganha rápida aceitação nos anos seguintes nos EUA, difundindo-se em seguida por muitos países. Os AA, mais que um grupo terapêutico *strictu sensu*, geralmente formam uma sociedade com contribuição econômica e participação voluntária de seus

· · · · · · · · ·

3. Pratt, J. H. *The Principles of Class Treatment and their Applications to Various Chronic Diseases*, Hosp. Social Service, 1922. Citado por Grinberg e outros. *Op. cit.*

membros, algo assim como uma associação de alcoólatras reformados.

O efeito terapêutico baseia-se na presunção de que o ex-alcoólatra pode influenciar mais eficazmente outro alcoólatra e este último é capaz de estabelecer laços mais plenos com seu reformador ao saber que este teve o mesmo problema e – o que não é menos importante – ante o fato de que conseguiu superá-lo. A dinâmica dessa terapia é engenhosamente eficaz, porque o ex-alcoólatra se beneficia por sua vez "restaurando" o paciente e, dessa forma, criam-se condições para que possa se conectar desde "outro lugar" com seu próprio alcoolismo. Os AA, talvez o tipo mais elaborado dentre essas terapias coletivas, reúnem-se semanalmente em sessões similares às de Pratt, no sentido de que discutem temas relacionados com sua missão, com a exceção já assinalada de que nesse tipo de grupo não existe nenhum líder que não seja "um de nós".

Esse tipo de terapia busca, através de seu caráter "fraterno", criar condições para que as pessoas que concorrem a essas instituições encontrem nelas – através de seus grupos – um espaço de suporte solidário de restituição da dignidade pessoal e/ou da identidade perturbada. Embora muitas vezes se gerem ali verdadeiras místicas do fraterno, é indubitável que essas organizações provêm redes de sustentação geralmente perdidas no espaço familiar, inencontráveis no âmbito macrossocial.

Resumindo, as primeiras formas de psicoterapia coletiva aqui descritas têm um tronco comum, caracte-

Para uma clínica grupal

rizado por sua "dinâmica", que consiste na atuação "mediante" as emoções do grupo. Ainda não se fala de compreender sua natureza nem de modificar a estrutura subjacente a elas; em linhas gerais, tendem a estimular o que popularmente se designa como "bons sentimentos do grupo". Secundariamente, ambas as correntes se bifurcam no que diz respeito ao papel do líder; a primeira busca a identificação dos pacientes pela transferência maciça com um líder de tipo paternal-deístico; a segunda, pelo contrário, tende a formar "fraternidades", abolindo na medida do possível toda liderança externa ou técnico-profissional.

Essas orientações costumam ser terapeuticamente eficazes independentemente de operarem dentro de "paradigmas" muito específicos. Têm o mérito de ter chamado a atenção para a importância da "socialização" do paciente, quer seja dentro da instituição ou em sua readaptação à sociedade; têm, além disso, a vantagem de poder agrupar um grande número de doentes (os números oscilam entre 30 e 100, segundo os autores), com os conseqüentes benefícios quantitativos.

Sem terem teorizado sobre isso, há na prática aqui certa noção de "efeito de grupo", na medida em que descobriram que o tratamento de seus pacientes era mais eficaz quando estes eram agrupados do que isoladamente. A pergunta permanece, por quê?: *que intercâmbios produziam-se ali para gerar tais resultados?, quais foram os enlaces subjetivos entre seus integrantes?, que figuras emblemáticas se organizam a partir de tão particular forma de inscrição institucional e a organizam?*

96 _____ _O campo grupal_

Se observarmos o dispositivo montado a partir de Pratt, veremos, em primeiro lugar, que ele trabalhava com grupos que obviamente não podem receber o nome de restritos; portanto, é muito improvável que os enlaces de tais agrupamentos humanos se organizassem com base nos mesmos parâmetros mediante os quais se organiza um pequeno grupo, conforme foi estudado. Nos grupos amplos certamente não se encontram condições idênticas às encontradas nos grupos restritos para desencadear os processos identificatórios e transferenciais. Olhares recíprocos, nomes, proximidade, disposição em círculo etc. são condições próprias dos grupos pequenos que tornam possível que tais processos se organizem na forma de redes cruzadas, dando assim aos agrupamentos restritos sua peculiaridade.

Por esse motivo, faz-se necessário pensar os grupos numerosos em sua especificidade. Embora os processos identificatórios entre os integrantes sejam muito mais lábeis, são outros os caminhos por meio dos quais se produzem seus enodamentos-desenodamentos[4].

No caso das terapias exortativas parentais, os enlaces produzem-se através de fortes líderes "carismáticos". Nesses dispositivos – assim como no lewiniano –, liderança e coordenação ainda não foram descentrali-

....

4. São referência obrigatória nesse ponto as contribuições de Freud em _Psicología de las masas y análisis del yo_, Biblioteca Nueva, Madri, 1967 [Ed. bras.: _Psicologia de grupo e análise do ego_, vol. XVIII das _Obras Completas de Freud_, Rio de Janeiro, Imago.]. Também poderiam ser comparados com as transferências altamente idealizadas, analisadas por Kohut, T. _Análisis del self_, Amorrortu, Buenos Aires, 1977. [Ed. bras.: _Psicologia do self e a cultura humana_, Porto Alegre, Artmed.]

Para uma clínica grupal

zadas. Dadas as características do dispositivo, superpõem-se necessariamente, o que permite afirmar que um dos principais recursos de sua eficácia terapêutica está centrado na *sugestão*, efeito, ela mesma, dos vínculos libidinais de cada integrante com o médico líder.

Embora não se deva subestimar os aspectos sugestivos nas terapias com estrutura fraternal, a importância decisiva está na rede entre "iguais"; nessas terapias, o grupo e a instituição em que ele age disparam significações imaginárias nas quais predomina a configuração de um espaço microssocial que opera como sustentação egóica, suporte solidário, espaço restitutivo da dignidade perdida e/ou da identidade perturbada. Ao mesmo tempo, para sua eficácia, parece ser imprescindível o estabelecimento de transferências institucionais fortemente positivas.

Ainda que com formas técnicas muito mais atualizadas, pode-se encontrar meios terapêuticos similares nos grupos de auto-ajuda de mulheres maltratadas[5].

Gostaríamos de assinalar de passagem a diferença entre as significações imaginárias que esses tipos de enlaces coletivos parecem disparar em seus integrantes – suporte solidário, sustentação identificatória – e aquelas registradas por Anzieu nos grupos amplos, nos quais ele enfatiza a ameaça de perda da identidade pessoal e transferências negativas de tal amplitude e intensidade que se tornam temíveis para os coordenadores.

. . . .

5. Gerlic, Cristina. "Los grupos y la comunidad", Mesa-redonda, Cátedra Teoria e Técnica de Grupos "A", Faculdade de Psicologia, UBA, 1986.

Embora os primeiros dispositivos grupais terapêuticos que instrumentaram as "emoções do grupo" como meio curativo não tenham teorizado sobre essa situação, comprovaram empiricamente que o grupo – nesse caso, amplo – oferecia certo meio de eficácia terapêutica maior que os tratamentos individuais. Pode-se notar que há aqui, em estado rudimentar, certa noção de *efeito de grupo*; fatores emocionais provavelmente mobilizados por meio de transferências reforçadas para o terapeuta, entre os integrantes e para a instituição; e um *embrionário dispositivo de grupo amplo*.

B. Aplicações iniciais da psicanálise aos grupos

Abordaremos agora as contribuições psicanalíticas de orientação anglo-saxã no trabalho e na teorização sobre o grupal. Essa corrente teve alta incidência em nosso meio e foi pioneira na organização de dispositivos grupais com fins psicoterapêuticos, nos quais, pela primeira vez, foram utilizados conceitos e formas técnicas da psicanálise para a compreensão dos grupos humanos. Originariamente pensados com fins psicoterapêuticos, esses dispositivos foram em seguida aplicados à formação de coordenadores de grupo e nas intervenções institucionais (Maxwell Jones e E. Jacques).

Entre as terapias coletivas, essa corrente teve uma importância muito maior que as anteriores não só por sua grande difusão, mas pelas considerações teórico-técnicas que a animaram. Inspirada na psicanálise, suas figuras pioneiras mais representativas foram Slavson,

Para uma clínica grupal _____ **99**

Schilder e Klapman. Para além de algumas diferenças técnicas entre eles, *essa corrente introduziu a interpretação na situação coletiva, aplicando ao grupo o "setting" psicanalítico. Através desses recursos, criou as condições para descentralizar coordenação de liderança e para superar o procedimento sugestivo próprio das terapias "mediante" o grupo.*

Ao passar da análise "individual" para a análise "coletiva", surge imediatamente um problema, *interpretar quem?* No contrato psicanalítico, isso parece tão óbvio que a pergunta nem mesmo é formulada, mas, quando o terapeuta se viu perante vários indivíduos em torno dele, a direção da interpretação adquiriu um *status* problemático. Foi na solução desse dilema que se fundou uma das principais diferenças técnicas – e também teóricas – entre os procedimentos das diferentes correntes que aplicaram a psicanálise aos grupos.

Tanto Slavson como Klapman buscaram a solução dessa dificuldade incluindo, como parte de seu dispositivo, um artifício que consistia em tentar unificar o grupo de várias maneiras a fim de que a interpretação dada nele valesse para todos – ou para a maioria – dos participantes. Assim, por exemplo, "para obter a unificação do grupo" tentava-se compô-lo com pacientes de características similares quanto a graus de doença, sexo, idade, nível socioeconômico etc.; também se realizava uma rigorosa seleção dos integrantes, excluindo aqueles que apresentassem uma doença mental aguda que pudesse afetar o andamento das reuniões; além disso, costumava-se iniciar as reuniões propondo um tema; esses recursos, denominados, respectivamente, homogeneização, seleção e preparação do grupo, procuravam obter sua unificação.

Por que a unificação do grupo era imprescindível para eles? Ante a decisão de quem interpretar, a solução encontrada nesse primeiro momento foi agrupar pessoas com um mesmo tipo de problema; pressupunha-se que a interpretação realizada para um de seus integrantes deveria ser válida para a maioria deles. Por essa razão, essas primeiras formas de aplicação da Psicanálise aos grupos foi denominada "terapia interpretativa individual *em* grupo"[6]. Atualmente, esse artifício é tido como sumamente rudimentar, mas o que queremos ressaltar é que, ao se introduzir a interpretação psicanalítica nos dispositivos grupais, *começou-se a problematizar a direção da interpretação e foi necessário buscar técnicas específicas.*

Outro tipo de resposta técnica ao problema da interpretação foi a "técnica interpretativa *de* grupo". Esse tipo de terapia toma o grupo como fenômeno central e ponto de partida de toda interpretação. Ou seja, concebe o grupo como uma totalidade, considerando que a conduta de cada um de seus membros sempre é influenciada por sua participação nesse coletivo. Esse tipo de enfoque considera que o individual deve ser sempre contemplado dentro do âmbito coletivo no qual se manifesta.

· · · · · · · · ·

6. Grinberg e outros. *Op. cit.*

Para uma clínica grupal _____ **101**

Essa orientação teve um forte desenvolvimento na Argentina. Segundo Grinberg, Langer e Rodrigué, verdadeiros pioneiros dessa forma de trabalho grupal:

> só com uma proposta que toma o grupo como uma gestalt, entramos no terreno da microssociologia. Aqui consideramos o campo multipessoal como um fenômeno digno de ser estudado por si mesmo. É uma psicoterapia "do" grupo e não do indivíduo "no" grupo, ou dos pacientes "mediante" o grupo.[7]

Em função disso, denominaram sua técnica "psicoterapia *de* grupo", diferenciando-a daqueles que interpretavam o indivíduo "no" grupo e dos que agem "mediante" o grupo, manejando as emoções coletivas sem interpretá-las. Fundamentam sua proposta alegando "a aplicação conseqüente e total da psicanálise ao grupo com sua técnica estritamente transferencial". Salientam a importância de interpretar os participantes em sua sessão unicamente em função do aqui e agora, dado que essa forma técnica permite que as respostas provocadas integrem o grupo. Assinalam os inconvenientes que as interpretações individuais e não transferenciais podem trazer. Assim, por exemplo, segundo esses autores, a interpretação dirigida a um acontecimento da história de um dos pacientes produziria uma imediata mudança de clima, já que os demais, sentindo-se excluídos, distanciam-se e entram em rivalidade

....

7. Grinberg e outros. *Op. cit.*

102 _____ *O campo grupal*

com a pessoa que foi interpretada. Afirmam que num caso desses se estaria realizando uma análise individual, perturbada pela presença de várias pessoas. Polemizam fortemente com outros terapeutas que interpretam de forma individualizada. Reforçando seus argumentos dizem:

> ao adotar um critério de integração, estamos seguindo uma linha atual de interpretação dos processos que acontecem nos diversos terrenos. Em biologia, Woltereck define o conceito de "organismo" como algo que é muito mais que a soma das partes.[8]

Diferem de outros psicanalistas da mesma orientação como Foulkes, para quem a transferência abarca uma pequena parte do que é expresso pelo grupo. Baseando-se nas sensações contratransferenciais, interpretam, no aqui e agora do grupo, *a fantasia inconsciente* em suas múltiplas manifestações.

C. O todo não é tudo

As psicoterapias de grupo psicanalíticas apresentadas até agora costumam se agrupar em duas tendências: Psicanálise *em* grupo e Psicanálise *do* grupo. Esse ponto merece ser focalizado porque está relacionado

....

8. Grinberg e outros. *Op. cit.* Note-se: a) o uso do referente microssociológico como suporte dessa prática psicanalítica; b) a noção de grupo como organismo; c) a insistência do dilema singular-coletivo.

Para uma clínica grupal —————————————————— **103**

com algumas questões levantadas previamente. Tomando os psicanalistas *do* grupo, isto é, que analisam *o* grupo, poder-se-ia pensar que esta seria a corrente que, superando o eventual "individualismo" da anterior, uma vez que toma o grupo como um todo, resgatou a especificidade do grupal.

Mas, numa análise mais minuciosa, observar-se-á que, *embora se interprete o* TODO-GRUPO (em alguns casos, chega-se até a dizer "o grupo pensa", "sente", "se angustia" etc.), ou seja, se tome o grupo como destinatário de toda interpretação, *isso não garante que essa totalidade: o grupo, tenha alcançado algum grau de especificidade ou particularização*. Interpreta-se o grupo, mas há ali alguma noção de grupalidade? Foi dito anteriormente que a demarcação da totalidade costuma ser condição necessária mas não suficiente para a abordagem da demarcação do campo grupal[9].

Interpreta-se o que do grupo? Além de certa influência indireta da Dinâmica de Grupo em alguns analistas de grupo ingleses e argentinos, "lê-se" a transferência, as ansiedades e as fantasias. Ou seja, translada-se para ele o conjunto do *corpus* psicanalítico sem qualquer modificação, mas, em vez de interpretar as pessoas singulares, é o grupo o receptor global das interpretações; a fantasia inconsciente grupal é a fantasia individual que operou como denominador comum dos integrantes. O grupo, mais que conformar uma eventual totalidade específica, é algo assim como um

....

9.Ver capítulo III.

conjunto de pessoas portadoras de um sujeito inconsciente no qual se acham inscritas, e, nessas condições, é merecedor de um tipo de interpretação igual às que se aplicam às pessoas que estão em tratamento psicanalítico de contrato dual. Esse tipo de orientação foi criando as condições de existência de noções como *fantasia grupal*, que operaram em analogia com a fantasia inconsciente singular[10]. Embora seja necessário considerar que os grupos constroem suas próprias figurações imaginárias, é importante diferenciá-las de *supostas fantasias grupais de categoria inconsciente igual à das fantasias investigadas pela psicanálise*. É pertinente sublinhar essa demarcação, uma vez que *a busca da "fantasia inconsciente grupal" foi um dos conceitos facilitadores da ficção do grupo como intencionalidade*.

No que diz respeito à relação todo-partes, propostas estruturalistas posteriores pontualizaram que não basta afirmar que o todo é mais que a soma das partes se não se puder enunciar o sistema de relações das partes entre si, das partes com o todo e do todo com as partes. Esse todo-grupo que num primeiro momento se constituiu em princípio de demarcação começa assim a se transformar em "obstáculo epistemológico"[11] para pensar o grupal. O grupo – que na verdade

. . . .

10. Utilizamos aqui o termo fantasia no sentido forte e restrito que a psicanálise dá ao termo. Embora atualmente se prefira o uso do termo fantasma, mantemos aqui o primeiro uma vez que esta foi a denominação utilizada pela corrente anglo-saxã e pelos grupalistas inscritos nela.

11. Pichon-Rivière, E. *Del psicoanálisis a la psicología social*, Nueva Visión, Buenos Aires, 1977.

Para uma clínica grupal **105**

acabou sendo um *"grande indivíduo"* – sempre pode ser visualizado como um organismo vivo; analogias como grande organismo, corpo que sente, pensa, se angustia, se defende, transfere, resiste etc. operam na verdade como corpos nocionais ou representacionais destinados a suprir vazios teóricos que as teorizações ainda apresentavam. O problema é que esses vazios teóricos se mantiveram como "necessários" na medida em que *se operou uma passagem do campo psicanalítico para o campo grupal sem reformular nenhuma área do primeiro.*

Independentemente das críticas que hoje poderiam ser feitas a essa forma de trabalho, interessa ressaltar – para uma genealogia do grupal – que *essa corrente criou dispositivos grupais de número restrito com fins terapêuticos, isto é, instituiu grupos num novo campo de aplicação: a clínica psicanalítica.*

Com leves variações, o fundamental da bagagem tecnológica desse dispositivo foi: sete ou oito integrantes se reúnem durante uma hora e meia, sentam-se em forma circular com o analista; como não lhes dão um programa para desenvolver nem indicações precisas, todas as contribuições surgem espontaneamente dos pacientes; todas as comunicações do grupo são consideradas equivalentes às associações livres do paciente na situação psicanalítica; o coordenador mantém uma atividade similar à que o psicanalista assume no tratamento individual (é o objeto da transferência) e interpreta conteúdos, processos, atitudes e relações. Todas as comunicações são de importância central para o tratamento e para a atividade terapêutica do analista e são consideradas partes de um campo de interações (a matriz do grupo). Todos os membros devem tomar parte ativa no processo terapêutico total. Todos os integrantes, inclusive o coordenador, sentam-se em *círculo* porque "isso envolve, inconscientemente, a possibilidade de estarem todos num mesmo nível"[12].

Essa corrente, ao incorporar ao novo dispositivo as questões básicas da técnica psicanalítica clássica, inaugurou virtualidades que permitiram descentralizar a coordenação com respeito às lideranças e criou as condições para a leitura dos processos inconscientes circulantes nos grupos. Então, instituíram-se grupos; pois bem, retomando a pergunta de Pontalis[13], *que fazem quando instituem grupos?* Analisam uma grande unidade indivisa, à qual dirigem interpretações similares às que dirigem às pessoas que optam por uma psicanálise de contrato dual.

Bion[14] afirmou que quando as pessoas entram em estado regressivo fantasiam o grupo como uma totalidade ameaçadora de sua integridade individual; na verdade, não é preciso entrar em estados muito regressivos para experimentar um forte sentimento de ameaça se a intervenção interpretante posicionar determinada

....

12. Na verdade, mais que eventuais significações imaginárias de igualdade hierárquica, a disposição em círculo ganha relevância na medida em que modifica a situação do campo visual em comparação com a psicanálise de contrato dual. Ou seja, todos, inclusive o coordenador, têm igual possibilidade visual, portanto estão todos implicados nos jogos de olhar.

13. Pontalis, J. B. *Op. cit.*

14. Bion, W. *Op. cit.*

Para uma clínica grupal **107**

pessoa como sendo parte, estando dentro de um grande indivíduo. Como não levar em conta a produtividade dessa intervenção provocando imagens, violentando sentidos etc.?

Neste trabalho, não consideramos algumas questões muito polêmicas que essa orientação despertou dentro da comunidade psicanalítica, tais como o grau de eficácia da psicanálise do grupo em comparação com a psicanálise "individual", ou as críticas ao "kleinismo" de sua forma de trabalhar; não se deve esquecer que essa era *a* psicanálise dos anos 50-60 na Argentina. Pagaram sem dúvida o preço dos pioneiros. Assim, quando anos depois suas produções são analisadas, geram uma sensação ambivalente, mescla de admiração por sua iniciativa de abrir caminhos novos e ao mesmo tempo uma espécie de incômodo ante a precariedade inevitável de suas tecnologias.

Na tentativa de reconstrução genealógica é conveniente deter-se em um ponto significativo, *por que terão visto um "grande indivíduo"?*, por que terão pensado a existência de uma fantasia inconsciente grupal? Pensar os grupos como grandes indivíduos transforma-se sem dúvida num obstáculo epistemológico para pensá-los em seus próprios sistemas de legalidades; no entanto, é provável que ante essa pergunta não se possa formular uma única resposta. Diferentes questões problemáticas terão de entrar em jogo.

Essa foi sem dúvida a forma de pôr em enunciado uma certa constatação que todo coordenador de grupos faz com respeito ao a mais grupal. Esse algo a mais que ali se constata mas que é difícil de pôr em palavras, de lhe atribuir causas, estabelecer leis. Ao produzir seus discursos sobre a grupalidade, essa corrente ficou limitada por certa tendência da psicanálise – em qualquer uma de suas escolas – à extraterritorialidade[15], isto é, a considerar o sistema de legalidade próprio do campo psicanalítico como absolutamente válido para interpretar regiões de outras territorialidades disciplinares; isso implica não considerar outros campos disciplinares como tais, e sim como meros espaços de aplicação da psicanálise. Esse tipo de extrapolação que costuma constituir – ainda hoje – fortes impensáveis da psicanálise, possibilitou que aqueles primeiros psicanalistas de grupo considerassem que o que havia a fazer era apenas transladar a bagagem tecnológica e suas formas de contrato dual para o coletivo, sem necessidade de grandes modificações. Essa foi uma das maneiras mediante a qual o *a priori* "individualista" criou condições para pensar os grupos com um sistema de legalidades igual ao do inconsciente. Esse *a priori* opera aqui dois movimentos de redução; um, mediante o qual, como se assinalou em páginas anteriores, o grupo é pensado como um grande indivíduo; outro, mediante o qual se confunde o "sujeito do inconsciente" com o "moi"* e também com o "indivíduo", redução criticada enfaticamente por Lacan[16].

· · · · · · · · ·

15. Castel, R. *El psicoanalismo. El orden psicoanalítico y el poder*, Siglo XXI, México, 1980. [Ed. bras.: *O psicanalismo*, Rio de Janeiro, Graal, 1978.]

* Em francês no original. Equivale ao "eu". [N. da T.]

16. Lacan. *El yo en la teoría de Freud y en la técnica psicoanalítica*, Paidós, Barcelona, 1984. [Ed. bras.: *O seminário, livro 2, O eu na teoria de Freud e na técnica psicanalítica*, Rio de Janeiro, Jorge Zahar, 1985.]

Para uma clínica grupal

Por outro lado, não se pode deixar de mencionar situações internas à instituição psicanalítica, uma vez que, como quem montava dispositivos grupais clínicos eram psicanalistas, o fato de sê-lo impunha-lhes a urgência de legitimar suas práticas perante seus pares. Nesse sentido, o caminho escolhido para fazê-lo foi mostrar que aquilo que faziam em seus grupos era psicanálise e portanto devia apresentar as menores variações possíveis com relação à forma instituída de contrato dual. Isso constituiu um forte obstáculo para pensar qualquer especificidade ou diferença, tanto teórica como técnica, nos grupos; esse peso da instituição psicanalítica, em sua forma corporativa, costuma ser encontrado não só nas primeiras tentativas de articulação da psicanálise com o campo grupal, mas percorreu a própria história da institucionalização da psicanálise[17].

Em função do anteriormente dito, daqui por diante será necessário distinguir as importantes contribuições da psicanálise – em suas distintas correntes – para o campo grupal, de um *psicanalismo* nos grupos.

Além dessa forma que o psicanalismo adota no campo grupal: *tomar o grupo como um grande indivíduo*, e sua conseqüência teórico-técnica: a *fantasia inconsciente grupal*, pode-se mencionar outra forma de sua extraterritorialidade que costuma acompanhar a primeira: *o romance psicanalítico dos grupos*. O conteúdo de sua narrativa varia conforme a corrente de psicanálise em que se

. . . .

17. Rosolato, G. "El psicoanálisis transgresivo", *Rev. Argentina de Psicología*, n? 29, Buenos Aires, 1981.

produza; assim, o grupo poderá ser pensado como uma boca, como corpo da mãe arcaica, como um espaço edípico, em estados ansiosos, melancólicos, em transferência etc., quando na verdade os grupos, assim como as massas e as instituições, não são mãe nem pai, nem têm pulsões, desejos nem estados psicopatológicos. Por conseguinte, *faz-se imprescindível diferenciar a escuta analítica como instrumento imprescindível no trabalho com grupos –* mesmo fora da clínica *– da "compreensão" dos acontecimentos grupais desde alguma narrativa psicanalítica deles.*

A partir daí e retomando colocações de páginas anteriores, pode-se afirmar que *pensar a totalidade não garante a absoluta demarcação do campo disciplinar;* é preciso pensar as relações das partes entre si com o todo. Uma vez armada essa articulação, o todo não tem por que contradizer com momentos particularizados das partes; além disso, dentro desse conjunto, será preciso pensar quais são os organizadores que relacionam o todo com as partes, as partes entre si.

Talvez o que mais interesse sublinhar seja a incidência que essa forma de pensar a relação todo-partes tem de maneira direta nas modalidades técnicas em grupo; assim, por exemplo, a *noção de um todo fundante do qual derivam ou emergem partes* costuma orientar intervenções globalizantes da coordenação, enunciadas geralmente de forma impessoal, que subordinam ou silenciam as particularidades, diferenças, singularidades, a uma totalidade homogênea e de fato massificadora.

Nesse sentido, ao considerar o grupo como um todo, será preciso trabalhar uma *noção de totalidade que*

Para uma clínica grupal _____ **111**

não homogeneíze partes, em que as singularidades possam ser significadas em todos os seus movimentos de diferenças e identidades. Em que as singularidades não sejam sinônimo das pessoas que compõem tal coletivo. No dispositivo que a psicanálise de grupos monta, pode-se observar que, embora sustente a intuição fundante de um a mais grupal irredutível, por não poder sustentar a tensão todo-partes subsumiu estas últimas no primeiro. Isso teve conseqüências técnicas presentes ainda hoje, e que deram lugar a muitas críticas baseadas no *efeito-massa* que os grupos produzem[18]. Ressurge agora no campo psicanalítico uma polêmica que se desencadeara na psicologia acadêmica entre totalistas e elementaristas, ou, como os denomina Asch[19], entre individualistas e mentalistas. Para os primeiros, o grupo era uma combinação construída a partir de elementos individuais, ao passo que os segundos convertem o grupo em um grande indivíduo, da mesma classe que os indivíduos humanos e com os mesmos mecanismos de funcionamento interno. Sua tese de uma mentalidade de grupo foi uma resposta reativa ante os individualistas que ostentavam o indivíduo como prova

. . . .

18. O problema dessas críticas é que, embora pontualizem corretamente o problema, atribuem o traço efeito-massa a uma qualidade indesejável dos grupos; ou seja, substancializam o traço sem conseguir ver que este é inerente ao dispositivo montado e não uma característica essencial dos grupos. Não se deve esquecer que com esse tipo de crítica justifica-se a desqualificação das abordagens grupais e se defende como único espaço válido de cura o dispositivo psicanalítico de contrato dual. Mas esse é outro problema, aquele em que a polêmica científica se subordina às lutas pela hegemonia no campo profissional. Ver Fernández, A. M. "Legitimar lo grupal", em *Lo grupal 6,* Búsqueda, Buenos Aires, 1988.

19. Asch, S. *Psicología social,* Eudeba, Buenos Aires, 1964. [Ed. bras.: *Psicologia social,* São Paulo, Pioneira.]

112 _____ *O campo grupal*

corpórea de suas argumentações; uma mente de grupo antropomorficamente pensada deveria ser a prova mais contundente em épocas em que o Homem se constituía em novo mandatário da modernidade.

A psicanálise do grupo – que, junto com a concepção operativa de Pichon-Rivière e o Psicodrama Psicanalítico, formou a maioria dos coordenadores de grupo dos anos 60 e 70 na Argentina – operou persistentemente com o reducionismo assinalado; nesse sentido, constitui um fiel expoente da mentalidade de grupo. São várias as figuras desse reducionismo[20]. Uma delas é a tendência a visualizar um *grupo como uma "pessoa"*, da qual cada integrante representa uma função ou estrutura especializada; isso permite ao coordenador "entender" o que acontece através de uma imagem integrada, unificadora. Outra figura é a *atribuição de vivências ao grupo*, corolário biológico de sua personificação, por meio da qual este é capaz de vivenciar emoções; isso contribui para um estilo técnico bastante freqüente que parte da suposição de que, se "uma parte do grupo" (algum membro ou membros) expressa um sentimento, os que não o manifestaram devem senti-lo de alguma maneira. Conseqüentemente, a interpretação fará referência a esse sentimento do grupo. Agem aí duas noções: *o indivíduo-sintoma que representa o grupo pessoa* e o *grupo dotado de intencionalidade*. Essas noções tornarão possíveis intervenções interpretativas que porão

· · · · · · · · ·

20. Colapinto. "La psicología grupal: algunas consideraciones críticas", *Rev. Argentina de Psicología*, n?. 8, Buenos Aires, 1971. Note-se a data em que esse autor realiza essas pontualizações que conservam até hoje total vigência.

Para uma clínica grupal _____ **113**

em enunciado afirmações tais como que o grupo transfere, resiste às interpretações, se angustia, se deprime ou está maníaco.

Outra conseqüência típica da personificação é *tomar a parte pelo todo*; nesses casos, supõe-se que "*o emergente*" mantém com o grupo a mesma relação de representação que a sustentada por um segmento de conduta com relação à pessoa total. A lógica interna desse pressuposto é a seguinte: a partir da premissa "a conduta de um elemento é função do todo", conclui-se rapidamente que a conduta do indivíduo é a conduta do grupo. O que o sustenta é a convicção de que qualquer conduta de um membro *representa* ou *expressa* a situação que o grupo atravessa, ou seja, que o "problema" de um integrante é representação em escala individual do "problema" grupal.

É certo que uma produção discursiva gestual, corporal etc. de algum integrante de um grupo pode eventualmente se configurar como indicador de uma situação grupal, mas na condição de que adquira tal significação numa rede de enlaces discursivos, gestuais etc.; ou seja, às vezes e não sempre. Conseqüentemente, queremos alertar para o vício de certo reducionismo mediante o qual o coordenador está disposto *a priori* a registrar todo movimento de algum integrante do grupo como indicador veraz e certo de um movimento análogo no coletivo em questão; desse modo, os integrantes, em suas intervenções, são contribuintes anônimos de uma "conduta" ou "fantasia grupal" indiferenciada que se expressa através deles.

D. Do líder ao oráculo

A incorporação do "setting" psicanalítico ao trabalho com grupos criou as condições para descentralizar o lugar da coordenação das lideranças; isto é, abriu a possibilidade de que suas produções se assentassem em mecanismos diferentes da sugestão. Não menos importante é a via que desse modo foi se abrindo para afastar os grupos do fantasma da manipulação.

Note-se que dissemos abrir a possibilidade e não suprimir a sugestão e a manipulação na medida em que ambas, assim como a neutralidade analítica, sempre caminham pela difícil trilha da vacilação[21].

De todo modo, as condições de neutralidade que a transferência do "setting" analítico para o campo grupal produziram foram uma etapa significativa que merece ser sublinhada; a introdução da escuta analítica, com suas condições de neutralidade e abstinência, ao separar a coordenação das lideranças, deixou a primeira em melhores condições para a elucidação do acontecer grupal; no entanto, os psicanalistas do grupo que tornaram possível essa significativa contribuição, atravessados no ato de leitura pelo estilo kleiniano próprio desse momento institucional da psicanálise, fizeram ressurgir outra forma de poder da coordenação. Na medida em que o coordenador, no ato interpretante, desvelava o oculto do grupo, instituía-se em um novo

. . . .

21. Azubel, A. e outros. *La práctica analítica. Vacilación de la neutralidad*. Folios, Buenos Aires, 1984.

Para uma clínica grupal _____ **115**

lugar de saber-poder; ele era quem sabia o que acontecia com o grupo. Aproximava-se assim da constituição de outra forma de liderança; embora já não liderasse as discussões ou diálogos que se davam no grupo, era ele quem detinha um suposto saber do grupo organizando um *lugar de coordenação-oráculo*. Deve-se acrescentar que o estilo de interpretações transferenciais próprias dessa escola sobreinveste o coordenador e instaura recorrentes apropriações de sentido. Ambos os fatores reforçam as formas de poder desse modo de se posicionar da coordenação.

Em suma, a unificação de liderança e coordenação própria da microssociologia é superada pela psicanálise do grupo; essa contribuição psicanalítica, pela necessidade de recriar as condições técnicas da escuta psicanalítica, incorpora ao seu trabalho com grupos suas condições de possibilidade, ou seja, neutralidade e abstinência. Marco importantíssimo para uma genealogia do grupal; no entanto, na medida em que suas leituras do grupal inseriam-se numa *teoria da representação-expressão* e sustentavam uma noção de todo no qual subsumem-se partes, organizaram-se as condições para reinvestir a coordenação em outro lugar de hegemonia; surge assim o *coordenador-oráculo*, que, embora devolva sistematicamente as lideranças ao grupo, somente ele sabe-compreende nas manifestações visíveis *o sentido oculto* do acontecer grupal. Quer dizer que, embora devolva as lideranças de opinião e/ou de ação, institui-se em outra forma de liderança: *ele sabe o que um grupo diz quando seus integrantes falam.*

Capítulo V
O segundo momento epistêmico

**A. Certa especificidade grupal (A noção de
pressupostos básicos)**

Bion realizou uma primeira experiência com grupos como psiquiatra militar inglês durante a Segunda Guerra Mundial. Estava encarregado de um hospital de aproximadamente 400 homens onde era impossível realizar abordagens psicoterapêuticas individuais e no qual reinava a indisciplina e a anarquia. Ocorreu-lhe ver nisso uma situação psicanalítica em que o "paciente" era uma comunidade, considerar a atitude dos soldados como uma resistência coletiva, adotar a atitude de não intervenção do analista ante essa realidade e limitar-se exclusivamente às relações verbais. Seu objetivo era obrigar essa coletividade a tomar consciência de suas dificuldades, a constituir um grupo propriamente dito e tornar-se capaz de organizar a si mesma. Promulga um regulamento: os homens se reunirão em grupos que têm por objetivo atividades diversas; cada grupo é livre, a todo momento, de abandonar sua atividade e voltar ao quartel contanto que o comunique ao supervisorchefe; a situação do conjunto será examinada todos os dias ao meio-dia. Depois de um período de vacilações, devido aos hábitos reinantes e à dúvida sobre a boa-fé do médico, as tentativas foram se multiplicando a tal ponto que um grupo consegue se especializar na organização do diagrama das atividades que desenvolviam todos os dias. Bion, no princípio, denunciava com seus próprios atos a ineficácia de que os soldados acusavam o Exército; negava-se a intervir nos problemas suscitados pelos roubos e pelo abandono de obrigações devolvendo essa situação coletiva à coletividade. Iniciou-se assim a formação em sucessivas etapas de um "espírito de corpo": protestos coletivos contra os irresponsáveis, busca de atividades que aumentassem o sentimento de dignidade pessoal e a rápida saída dos recuperados. Por sua vez, começou-se a observar que esse espírito se impunha aos recém-chegados e interferia em sua evolução pessoal de maneira significativa[1].

Depois da guerra, Bion se ocupou da readaptação à vida civil dos veteranos e antigos prisioneiros de guerra, com um método de psicoterapia de grupo que tinha como objetivo "procurar compreender as tensões que se manifestam entre seus integrantes durante as sessões".

Essas primeiras experiências foram organizando as produções teóricas de Bion sobre o grupal. Muito sinteticamente, enunciou que o comportamento de um grupo

....

1. Bion, W. *Op. cit.*

O segundo momento epistêmico

transcorre em dois níveis, o da tarefa comum e o das emoções comuns; o primeiro nível é racional e consciente: todo grupo tem uma tarefa que ele mesmo se dá, seu êxito depende da análise correta da realidade exterior, da distribuição e coordenação ordenada dos papéis no interior do grupo, da regulação das ações por meio da busca das causas de êxitos e fracassos e da articulação relativamente homogênea de meios e objetivos.

No entanto, observava que, quando se juntam pessoas que individualmente podem se comportar de maneira razoável ante um problema, basta agrupá-las para que se tornem dificilmente capazes de uma conduta racional coletiva; diante disso, Bion pensou na predominância dos processos psíquicos "primários"; chegou desse modo à conclusão de que a cooperação consciente entre os membros do grupo, necessária para o êxito de suas atividades, exige uma circulação emocional e fantasmática inconsciente entre eles; a importância atribuída a ela permitiu-lhe afirmar que até mesmo a cooperação pode ser paralisada ou estimulada por ela.

Destacou que os indivíduos reunidos num grupo combinam-se de forma instantânea e involuntária para agir segundo estados afetivos que denominou "pressupostos básicos"; estes estados afetivos são para Bion arcaicos, pré-genitais, e são encontrados em estado puro na psicose. Descreveu três pressupostos básicos aos quais o grupo, sem reconhecê-los, se submete alternativamente; expressam algo semelhante a fantasias grupais, de tipo onipotente e mágico, acerca do modo de alcançar seus fins, de satisfazer seus desejos. Caracterizados pelo irracional de seu conteúdo, têm uma força e uma "realidade" que se manifesta na conduta do grupo; são inconscientes e muitas vezes opostos às opiniões conscientes e racionais dos membros que compõem o grupo. Todos eles são produções grupais que tendem a evitar as frustrações inerentes à aprendizagem por experiência, na medida em que isso implica esforço, dor e contato com a realidade. Denominou-os *pressuposto básico de dependência, pressuposto básico de ataque e fuga e pressuposto básico de acasalamento.*

A narrativa de um grupo sob o pressuposto básico de dependência sustenta o argumento de que o grupo está reunido para que alguém, de quem este depende de forma absoluta, providencie a satisfação de todas as suas necessidades e desejos; implica a crença coletiva de que esse alguém terá por função proporcionar segurança para o grupo; é a crença numa divindade protetora cuja bondade, potência e sabedoria são inquestionáveis.

O pressuposto básico de ataque e fuga consiste na convicção grupal de que existe um inimigo e que é necessário atacá-lo ou fugir dele, na medida em que a única atividade defensiva ante esse objeto é sua destruição (ataque) ou evitação (fuga).

Por último, quando opera o pressuposto básico de acasalamento, seus integrantes produzem uma crença coletiva e inconsciente segundo a qual um fato futuro ou um ser não nascido resolverá seus problemas; constituem uma esperança de tipo messiânica; o importante nesse estado emocional é mais a idéia de futuro que a resolução no presente.

O segundo momento epistêmico _____ **121**

Para alguns autores, essas contribuições de Bion foram de grande utilidade para "ordenar" as situações emocionais muitas vezes obscuras dos grupos, já que, ao delimitar três grandes configurações emocionais específicas, o coordenador dispõe de um novo instrumento para a compreensão dos fenômenos de que participa[2]. Os pressupostos básicos foram considerados reações grupais defensivas às ansiedades psicóticas, reativadas pelo dilema do indivíduo dentro do grupo e pela regressão que esse dilema lhe impõe.

Os pressupostos básicos referem-se a um nível emocional primitivo que coexiste, segundo Bion, com outro nível de funcionamento que é do *grupo de trabalho*; com este termo alude a um tipo de mentalidade e cultura grupal diferente da que rege os grupos de pressuposto básico, já que nos grupos de trabalho as atividades se realizam racional e eficientemente; seus líderes são os integrantes que consigam oferecer ao grupo as propostas mais aptas para o desenvolvimento de suas tarefas. Grupo de pressuposto básico e grupo de trabalho coexistem, determinando um conflito recorrente no grupo.

Em suma, a atividade de um grupo de trabalho é freqüentemente perturbada pelo aparecimento de fatores emocionais; esse aparecimento pode se dar na forma de dependência, de agressão e fuga ou pela formação de um acasalamento messiânico. Além disso, o

. . . .

2. Grinberg, L. e outros. *Introducción a las ideas de Bion*, Nueva Visión, Buenos Aires, 1972.

pressuposto básico predominante orienta as opiniões do grupo num momento dado (mentalidade grupal) e explica a cultura do grupo nessa situação; assim, por exemplo, a cultura do grupo de dependência, baseada no pressuposto básico do mesmo nome, organiza-se buscando um líder que cumpra a função de prover as necessidades do grupo.

No começo de 1948, o comitê profissional da Tavistock Clinic solicitou a ele que se ocupasse dos grupos terapêuticos empregando sua própria técnica; a forma como o próprio Bion relata essa proposta é muito sugestiva:

> Na realidade, eu não tinha elementos para saber o que o Comitê entendia por isso [refere-se à sua própria técnica], mas era evidente que para eles eu tinha trabalhado anteriormente com grupos terapêuticos. Na verdade, só tinha feito experimentos na tentativa de persuadir grupos de pacientes de que a tarefa do grupo era o estudo de suas tensões, e supus que o Comitê desejava que fizesse isso de novo. Era desconcertante que o Comitê parecesse crer que os pacientes pudessem ser curados em tais grupos. Isso me fez pensar desde o começo que a idéia que eles tinham do que ocorrera naqueles grupos dos quais eu era um dos integrantes era muito diferente da minha. De fato, a única cura de que podia falar com certeza relacionava-se com um sintoma próprio, comparativamente sem importância: a crença de que os grupos deviam receber meus esforços com simpatia. No entanto, aceitei e, conseqüentemente, depois das formalidades devidas, encontrei-me sentado numa sala

O segundo momento epistêmico _____ **123**

com oito ou nove pessoas – às vezes mais, outras menos –, algumas vezes pacientes, outras não. Quando os membros do grupo não eram pacientes, fiquei muitas vezes perplexo.[3]

Bion afirmava que quando um indivíduo em grupo acredita que o grupo existe como algo diferente da soma dos indivíduos isso é produto de um estado regressivo de tal integrante; alimenta tais fantasias porque sua regressão implica uma ameaça de perda de sua particularidade individual, o que lhe dificulta ver o grupo como um agregado de indivíduos. Um agregado de indivíduos: é isso o grupo para Bion[4].

Essa asseveração pareceria ser contraditória com suas noções de mentalidade grupal e cultura grupal. Tal enunciação não escapará a Pontalis, que, apoiando-se na formulação bioniana, afirmará que o grupo é uma ficção, uma fantasia. É realmente interessante essa aparente contradição bioniana porque, como dirá o autor citado, "ninguém, psicossociólogo ou não, pode considerar 'científica' a definição de um grupo como sendo um agregado de indivíduos. Um grupo pode certamente ser objeto de observação ou de análise"[5]. Para esse autor, a originalidade de Bion seria então a de se aferrar aos dois extremos da cadeia, já que, se no campo sociológico o grupo é uma realidade específica, quando funciona como tal no campo da psique indivi-

....

3. Bion, W. *Op. cit.*
4. Bion. W. *Op. cit.*
5. Pontalis, J. B. *Op. cit.*

dual – modalidade e crença que toda a psicossociologia tende a fortalecer – opera efetivamente como fantasia. Esse autor sublinha que em Bion pode-se distinguir grupos reais e grupos como fantasia.

Recapitulando, Bion "descobre" que a cooperação consciente entre os membros do grupo, necessária para o êxito em suas tarefas, exige a circulação fantasmática inconsciente entre eles, a ponto de a cooperação poder ser regulada ou paralisada por essa circulação fantasmática inconsciente. Os indivíduos reunidos em grupo se combinam de forma instantânea e involuntária para agir de acordo com os pressupostos básicos.

Há nisso a produção de uma formulação original: *os pressupostos básicos*, verdadeiros organizadores grupais, isto é, reguladores implícitos dos comportamentos grupais que permitem pensar a existência de um sistema de legalidades implícito na desordem dos fatos empíricos grupais; esses organizadores fantasmáticos regulam a ação dos indivíduos no grupo; de todo modo, para Bion os três pressupostos básicos emergem como formações secundárias de uma cena primitiva mais antiga. Os pressupostos básicos serão nós fantasmáticos coletivos no grupo em um momento dado; é assim que Anzieu se referirá a eles[6].

A teoria dos pressupostos básicos pontualizou, pela primeira vez dentro do campo psicanalítico, ope-

· · · · · · · · ·

6. Note-se que o termo nó reaparece. Anzieu, D. *El grupo y el inconsciente. Op. cit.* Esse autor retomará a idéia de formações secundárias com relação a uma cena primitiva mais antiga.

O segundo momento epistêmico ———————————— **125**

radores organizacionais não individuais; talvez nisso esteja sua maior importância, na medida em que, como diz Bauleo, *"conseguiu produzir um instrumento para entender o que acontece com o grupo como grupo"*[7]. Nesse sentido, *os pressupostos básicos podem ser considerados esquemas subjacentes que organizam* – no sentido em que se fala de organizadores em embriologia – *o comportamento de um grupo orientando, por exemplo, a escolha de um determinado tipo de líder.*

No entanto, Pontalis, já inscrito numa posição em certa medida estruturalista dentro da Psicanálise, indagará Bion sobre a "estrutura" que possibilitará os pressupostos básicos; em outras palavras, se os pressupostos básicos são efeitos grupais, para Pontalis falta em Bion a análise da estrutura que os provoca ou determina.

B. O segundo momento epistêmico: os organizadores grupais

Em que reside a importância da noção dos pressupostos básicos? Para uma reconstrução genealógica, marca um avanço nos discursos da grupalidade, em particular com respeito a propostas anteriores que tomavam como discurso teórico o nível fenomênico e também ante aquelas que transpuseram em bloco "o psicanalítico" para o grupo.

· · · · · · · · ·

7. Bauleo, A. "Estado actual del Psicoanálisis individual y grupal", em *El inconsciente institucional*, Nuevo Mar, México, 1983. [Ed. bras.: Baremblitt, G., *O inconsciente institucional*, Petrópolis, Vozes, 1977.]

A formulação dos pressupostos básicos como organizadores implica sem dúvida uma busca de um sistema de legalidades próprio, específico do campo grupal; segundo Anzieu, até Bion a compreensão psicanalítica dos grupos consistia numa psicanálise aplicada ao grupo já que, até então, nessa disciplina os grupos ainda não haviam sido considerados como um possível campo de descobertas. A noção de pressupostos básicos é uma primeira tentativa, dentre as contribuições psicanalíticas, de tomar os grupos não mais como um campo de aplicação, mas como um campo de descoberta. Não haveria que subestimar o fato de que um dos motivos dessa possibilidade tenha sido a falta de urgência, explicitada por Bion, de denominar psicanalíticos os tratamentos grupais por ele desenvolvidos.

A relevância genealógica dada à noção de pressuposto básico como organizador grupal não deve impedir de ressaltar as objeções que sua implementação técnica suscita, já que costuma operar restritivamente na leitura dos acontecimentos grupais, tipificando-os segundo "conteúdos" preestabelecidos; também costumam induzir no coordenador uma interioridade grupal ilusória, fechando sua leitura para o grupo voltado para si mesmo (grupo ilha).

De todo modo, termos bionianos tão controvertidos como mentalidade grupal, cultura grupal, que ele mesmo não chegou a desenvolver suficientemente, não deveriam ser descartados sem maior reflexão; seria preciso revisá-los, com um critério de elucidação crítica que permita as retificações necessárias, já que é prová-

O segundo momento epistêmico

vel que neles possa estar em germe certa intuição de que *os grupos armam formas próprias* desenhando os acontecimentos grupais; nesse sentido, esses termos sem dúvida confusos poderiam ser pensados como uma tentativa de pôr em palavras alguma intuição com respeito aos enlaces de subjetividades, aos enodamentos-desenodamentos de significações imaginárias, enquanto particularidades do grupal.

O que queremos sublinhar é que, para Bion, os grupos, enquanto espaços de produção coletiva, constituem um campo de descobertas que necessita, para sua elucidação, *da criação de instrumentos conceituais específicos*. Embora estivesse capturado na narrativa kleiniana – hoje fortemente revista a partir da releitura de Freud impulsionada por Lacan e sua escola e das novas teorizações produzidas a partir daí por essa corrente –, soube pontualizar uma série de acontecimentos especificamente grupais que tentou compreender através da produção de conceitos também específicos. Quer dizer que, de um lugar de escuta analítica, não aplicou o *corpus* psicanalítico "in toto", mas *deixou formulada a necessidade de instrumentos conceituais específicos da grupalidade, abrindo assim o campo grupal como espaço de produção teórica e não como um mero campo de aplicação da psicanálise.*

C. O pedido feito a Bion e sua produção teórica

É importante deter-se nas condições de produção da noção de pressuposto básico. Em primeiro lugar,

Bion é psiquiatra de um hospital militar em plena guerra, é comandante, e as pessoas com quem trabalha em seus grupos são soldados ou oficiais geralmente de posto inferior. É um representante da autoridade tanto militar como psiquiátrica; no entanto, põe-se diante deles numa atitude mais próxima da postura de um psicanalista do que da de um militar hierarquicamente superior. Note-se que isso ocorre nos anos 40, quando a cultura "psi" ainda não tinha se desenvolvido o suficiente para que as pessoas pudessem tomar com certa naturalidade o fato de encontrar alguém em atitude de psicanalista nos lugares mais inesperados.

Esses soldados obtiveram um coordenador de grupo, mas perderam necessariamente um chefe militar; ganharam alguém que, ao se descentralizar das formas de liderança próprias dessa instituição, deixa sem sustentação aquilo que Freud já havia descrito em *Psicologia das massas e análise do ego* como sendo a estrutura libidinal um-a-um com o chefe, que torna possível "a ilusão da presença visível ou invisível de um chefe que ama com igual amor todos os membros da coletividade"[8]. Esse chefe, lugar do ideal do eu, propôs para si mesmo um outro lugar.

Freud toma o exemplo do pânico num corpo de exército para exemplificar o papel do chefe. "Sem que o perigo aumente, basta a perda do chefe – em qualquer sentido – para que surja o pânico." Ruptura dos

. . . .

8. Freud, S. *Psicología de las masas y análisis del yo*, Biblioteca Nueva, vol. I, Madri, 1967.

O segundo momento epistêmico

laços afetivos que garantem a gestão militar; angústia coletiva equiparável em Freud à angústia neurótica, aos padrões de comportamento psicótico para Bion.

Dependência, ataque-fuga, messianismo são sem dúvida componentes habituais, tanto na prática subjetiva militar como em suas categorias emblemáticas e, portanto, com toda certeza, estão muito disponíveis para organizar as figurações próprias dos grupos coordenados por Bion. Por outro lado, o pouco tempo que Bion trabalhou com grupos civis provavelmente o privou da possibilidade de ratificar ou retificar a presença de figurações desse tipo nas significações imaginárias de coletivos menos particularizados do que aqueles com que trabalhou no âmbito militar. (A Associação Psicanalítica Britânica censurou seu trabalho com grupos, situação que levou Bion a abandonar essa tarefa poucos meses depois de tê-la começado.)

Numa proposta de elucidação crítica, faz-se necessário diferenciar a localização de um tipo de movimento muito característico das atividades grupais que Bion realiza da narrativa utilizada por esse autor para sua explicação; ou seja, tenta-se diferenciar a *colocação em visibilidade* de determinadas formas grupais de *suas maneiras de enunciabilidade*, resgatando a primeira e abrindo a segunda para revisão. Desse modo, ao sublinhar a inscrição institucional – forças armadas, Segunda Guerra etc. – que inscreve e marca de alguma maneira essa produção teórica, *pretende-se, antes, situar, delimitar as formas e os ordenamentos dos enunciados e não impugnar a localização dos acontecimentos.*

Ao mesmo tempo, é importante recordar que quando se invisibiliza a capacidade que o dispositivo escolhido tem de produzir efeitos grupais criam-se condições muito propícias para essencializar seus processos; assim como ao negar a importância das inscrições institucionais em que as experiências e suas teorizações são conduzidas e se desenrolam, tornam-se possíveis generalizações que, ao se separarem de suas condições de produção, se universalizam, talvez desde uma premissa não isenta de *substancialização*. A análise crítica empreendida neste trabalho tenta, justamente, abrir problematizações sobre essas questões.

A que urgência social terá respondido a implementação de dispositivos grupais com fins terapêuticos nas Forças Armadas Britânicas? A psiquiatria inglesa tinha de encontrar um sistema diferente do alemão, que terminara com a desmoralização das tropas; um sistema destinado a reabsorver eficazmente as angústias e solidariedades de grupos, para a vida e para a morte, e que assentasse sobre bases diferentes do feitiço, aglutinador típico do exército nazista; era preciso recuperar, pessoal e militarmente, os inúmeros inadaptados, delinqüentes e neuróticos que afluíram em 1940 aos hospitais britânicos. A pressão dessa urgência – segundo Lacan – deu lugar ao *"group therapy"*[9]. Freud já tinha sublinhado em *Psicologia das massas e análise do ego* que a negligência do

....

9. Lacan, J. "La psychiatrie anglaise et la guerre", em *Evolution psychiatrique*, 1947. Agradeço Germán Garcia por ter-me cedido essa publicação. [Ed. bras.: em *Outros escritos*, Rio de Janeiro, Jorge Zahar, 2003.]

O segundo momento epistêmico

fator libidinal no Exército, os maus-tratos a que foram submetidos os combatentes pareceriam ter constituído uma das principais causas da neurose de guerra na Primeira Guerra Mundial. Conseqüentemente, fazia-se necessário encontrar suportes que diminuíssem as condições de possibilidade de emergência delas.

Portanto, inventam-se os dispositivos mencionados, na tentativa de reativar "identificações horizontais" (assim são denominadas em contraposição às identificações verticais dirigidas ao chefe), agrupando-os entre si:

> Sobre essa base – diz Lacan – o psiquiatra psicanalista se proporá a organizar a situação de modo a forçar o grupo a tomar consciência de suas dificuldades de existência como grupo. Naturalmente, não há ordens nem punições; toda vez que se recorre a sua intervenção, Bion como psicanalista devolve a bola aos interessados.[10]

Não há castigo nem substituição do objeto deteriorado, roubado ou perdido; cabe ao grupo avaliar o que aconteceu. Foram destinados para esse trabalho duzentos e cinqüenta psiquiatras; além de Bion, podem ser mencionados Rees, Rickman e Foulkes; este último trabalhou em hospitais da Armada Britânica[11].

Interessa ressaltar várias questões. Em primeiro lugar, essa intervenção dos psicanalistas ingleses rompeu

· · · · · · · · ·

10. Lacan, J. *Op. cit.*
11. Foulkes, S. H. *Therapeutic Group Analysis*, G. Allen & Unwin Ltd., Londres, 1964.

com uma forte antinomia, que ainda vigora hoje: psiquiatria pública-psicanálise privada.

Em segundo lugar – e a discussão de Lacan com os psiquiatras franceses, depois de fazer sua exposição em que relata a experiência inglesa[12], é muito eloqüente a esse respeito –, mostra que uma das vias privilegiadas de passagem de uma psiquiatria organicista a uma psiquiatria social surgiu com a instrumentação de ferramentas conceituais e técnicas provenientes da psicanálise.

E, em terceiro lugar, quando um campo disciplinar se abre para intervenções para as quais não foi especialmente construído, embora não tenha por que se esquivar, deve aumentar as precauções que lhe permitam pôr em visibilidade as demandas sociais às quais é incitado a responder. Já em 1947 o próprio Lacan adverte para essas três questões e, apesar de enfático a respeito delas, não oculta sua admiração pelo trabalho com grupos dos psicanalistas ingleses durante a Segunda Guerra Mundial.

A *necessidade maciça de assistência*: daqui para a frente será uma das razões habituais, nos países de desenvolvimento significativo da cultura "psi", para implementar dispositivos grupais com fins psicoterapêuticos.

Essa realidade não pode ser naturalizada. Muito pelo contrário, exige ser interrogada: que significa a existência de exigências maciças de assistência psicoterapêutica? São efeitos da formulação de que vácuos sociais? Ou, dito de outra forma, a que vazio social somos resposta quando instituímos grupos?

....

12. Lacan. J. *Op. cit.*

Capítulo VI
Os organizadores fantasmáticos

A. Rumo à enunciabilidade dos
organizadores fantasmáticos

As contribuições resenhadas neste capítulo correspondem às teorizações do grupo liderado por Didier Anzieu, que inclui figuras de grande destaque como Pontalis, Kaës, Missenard, Bejarano, para citar os mais conhecidos na Argentina. Essa corrente "tenta precisar que, do ponto de vista psicanalítico, o grupo pode aspirar a um *status* diferente daquele que tem no campo teórico e prático da Psicologia Social"[1]; desenvolve grande parte de suas investigações a partir de suas experiências com grupos breves e os chamados grupos de formação; embora inclua técnicas psicodramáticas e de relaxamento em seus seminários, institui-se como cor-

. . . .

1. Kaës, R. "Elementos para una historia de las prácticas y de las teorías de grupo en sus relaciones con el Psicoanálisis en Francia", *Revista de Psicología y Psicoterapia de Grupo*, vol. VII, nº 1, Buenos Aires, 1984.

rente com um forte interesse em se diferenciar do psicodrama moreniano e da microssociologia lewiniana. Essa diferenciação é altamente estratégica para eles, uma vez que os trabalhos derivados de Lewin e Moreno eram "uma das maiores referências utilizadas, criticadas e incorporadas ou abandonadas por numerosos psicanalistas que se orientaram antes de 1968 para a prática grupal"[2]. (A partir disso é possível entender a virulência de algumas passagens críticas dos trabalhos já famosos de Pontalis, publicados no volume "A psicanálise depois de Freud" e aos quais nos remetemos com freqüência neste livro.)[3]

O interesse desse grupo é muito diferente do da microssociologia; a partir de "A função inconsciente de um grupo", "O grupo como objeto", de Pontalis, e "O grupo é um sonho", de Anzieu, constituem suas próprias bases para *uma leitura psicanalítica do grupo*, desconhecendo ainda os trabalhos de Foulkes, Anthony e Bion. Põem a ênfase no grupo como objeto – no sentido psicanalítico do termo – e como processo psíquico; o grupo como objeto de investimentos pulsionais, de representações imaginárias e simbólicas, de projeções e de fantasias inconscientes. Pontalis escreve em 1963:

> não basta detectar os processos inconscientes que operam num grupo, seja qual for a originalidade de que se seja capaz: embora se coloque fora do campo de análise

....

2. Kaës, R. *Ibid.*
3. Pontalis, J. B. *Op. cit.*

Os organizadores fantasmáticos **135**

a própria imagem do grupo, com as fantasias e valores que ela comporta, evita-se com efeito toda indagação sobre a função inconsciente do grupo.

Anzieu, por sua vez, sugerindo um paralelismo entre o grupo e o sonho, postula uma hipótese essencial para compreender – segundo essa corrente – a dinâmica de um grupo e de seus membros do ponto de vista psicanalítico. A economia grupal se define pelas localizações e deslocamentos dos valores pulsionais sobre os diferentes elementos do grupo; a utopia grupal é uma projeção de sistemas e de instâncias que o aparelho psíquico individual estrutura. Bejarano teoriza sobre a escuta psicanalítica e a transferência na dinâmica de grupo. Posteriormente, Kaës, embora permaneça na linha traçada por Anzieu, Pontalis e Bejarano, trabalha com a representação do grupo como objeto duplamente investido pelo psiquismo e pelo discurso social.

A partir de 1970, fundam o Centro de Estudos Franceses para a Formação e a Investigação Ativa em Psicologia (CEFFRAP); estudando as condições e os processos de trabalho psicanalítico nos grupos, definindo o enquadre e os movimentos psíquicos de elaboração e de construção de um espaço psicanalítico grupal. Propõem-se a elaborar aspectos específicos da bagagem tecnológica para os processos grupais, que permitam construir um verdadeiro *status* psicanalítico para o dispositivo grupal; por isso, constituem-se em centros de seu interesse investigativo as dimensões da transferência, as condições e os efeitos do trabalho da interpretação, as funções e estruturas das identificações etc.

Dado que – diferentemente da microssociologia – tomaram os grupos que instituíram com um objetivo de trabalho psicanalítico, tiveram de definir a metodologia que permitisse reconhecer os processos psíquicos em ação nesses grupos, quer sua proposta manifesta fosse terapêutica ou de formação. É interessante como entendem essa questão, definindo que "o enquadre psicanalítico deve favorecer a emergência, a elaboração e a interpretação das formações e dos processos psíquicos imbricados na situação de grupo"; de tal modo que afirmam que *"a situação grupal se desenvolve a partir das características do dispositivo*: a enunciação da regra fundamental, cimento de todo trabalho psicanalítico, é o ato que institui o dispositivo, falar livremente e abstinência entre os integrantes do grupo e o analista de toda outra relação que não seja a exigida pela escuta e a palavra psicanalítica"[4].

A partir desses conceitos, fica claro que essa corrente não tem como proposta nem uma experiência adaptativa às normas grupais, nem um conhecimento objetivo dos fenômenos do grupo, nem a criação permanente do grupo. Tem um objetivo muito diferente: proporcionar o enquadre, o dispositivo e a situação apta para uma experiência "original", na qual se busca a emergência, a liberação e a reacomodação de algumas formações e processos psíquicos que, graças às propriedades do dispositivo desenhado, desvelam-se – segundo essa corrente – genética e estruturalmente

....

4. Kaës, K. *Op. cit.* Grifo meu.

Os organizadores fantasmáticos **137**

apoiados no grupo (sobretudo no grupo primário); consideram, por outro lado, que essas formações garantem a passagem e o reatamento entre a ordem endopsíquica ("individual") e a ordem do vínculo e das criações coletivas.

Segundo esses autores, a compreensão psicanalítica dos grupos se reduzia até então a uma psicanálise aplicada ao grupo; ou seja, o grupo constituía apenas um campo de verificação sem ter chegado a ser – dentro desse campo disciplinar – um campo de descobertas. Acreditam ter inaugurado um contexto de descobertas na medida em que deslocaram a atenção e o interesse para as formações grupais do psiquismo e por terem formulado a relação entre as formas grupais do psiquismo, o enquadre e o processo grupal.

É importante ressaltar que para esses autores – em seu ponto de partida – o grupo *é um contexto de descoberta das formações do inconsciente, e não estritamente contexto de descoberta da grupalidade.* É nesse sentido que buscarão o enquadre, o dispositivo e a situação adequados para a emergência de formações psíquicas inconscientes que possam se desvelar graças às propriedades do grupo nesse dispositivo. Portanto, no que tange ao "grupo", serão estudadas as características dele que tornem possíveis a visibilidade de formações e os processos inconscientes. Conseqüentemente, os dispositivos inventados deverão ser eficazes para tal fim.

Entre outras teorizações, merece destaque *o conceito de formações grupais do psiquismo*, ou grupalidade psíquica, constituída pela estrutura dos fantasmas, a organização das identificações e a organização das instâncias do aparelho psíquico; a noção de *aparelho psíquico grupal*, que é uma construção intermediária e paradoxal que os membros de um grupo efetuam sobre a base de uma dupla série de organizadores: uns, os grupos internos (psíquicos), os outros, regidos pelo funcionamento dos modelos socioculturais. Essa noção, desenvolvida por Kaës, pontualiza que haverá grupo, e não simples reunião de indivíduos, quando a partir dos aparelhos psíquicos individuais tender a se construir um aparelho psíquico grupal mais ou menos autônomo; esse aparelho se organiza sustentando a tensão entre uma tendência ao isomorfismo e uma tendência ao homomorfismo; enquanto o aparelho psíquico individual busca seu apoio no corpo biológico, o aparelho grupal busca-o no tecido social.

Ante a asseveração da microssociologia de que o grupo é uma comunidade, Anzieu se pergunta: comunidade de quê? Segundo este autor, o grupo é uma colocação em comum das imagens internas e das angústias de seus participantes; ele dirá:

> o grupo é um lugar de fomentação de imagens; é uma ameaça primária para o indivíduo. A situação do grupo face a face (reunião, discrição, trabalho em equipe, vida comunitária com companheiros que mal conhece, em número superior ao que normalmente convive nas relações sentimentais, sem uma figura dominante por cujo amor a pessoa possa se sentir protegida e unida aos demais) é vivida como uma ameaça para a unidade pessoal, como uma colocação em questão do eu.

Os organizadores fantasmáticos ————————————————— **139**

O grupo leva o indivíduo muito para trás, ali onde ainda não tinha se constituído como sujeito, onde se sentia desagregado; a imagem comum do grupo – que ainda não é grupo – é a do corpo despedaçado; por conseguinte, o grupo não tem existência como grupo enquanto não consegue suprimir essa imagem e superá-la.[5]

As metáforas do grupo como organismo vivo conservaram grande eficácia na medida em que, invocando o "nós", dão idéia de um corpo ante a imagem anterior de corpo despedaçado. O autor afirmará que a força persuasiva dessa metáfora está no fato de que "corresponde à realidade imaginária do grupo, porque expressa, do mesmo modo que os mitos, a transformação das imagens que dirigem o jogo de forças subjacentes". Avançando em sua argumentação, dirá que "entre o grupo e a realidade, entre o grupo e o próprio grupo, há algo mais que relações entre algumas forças reais: há primitivamente *uma relação imaginária*". Essa produção de imagens explica fenômenos e processos que até aquele momento tinham permanecido invisíveis ou eram atribuídos a outras causas. Pontualiza sagazmente: "o único observável é o grupo; contudo, o observável fica sem conceito".

Através de suas experiências com grupos de diagnóstico dirá: "o grupo é experimentado por cada um como um espelho de múltiplas faces, devolvendo-lhe uma imagem de si mesmo deformada e repetida até o infinito".

·········

5. Anzieu, D. *El grupo y el inconsciente*, Biblioteca Nueva, Madri, 1978. [Ed. bras.: *O grupo e o inconsciente*, São Paulo, Casa do Psicólogo, 1993.]

Pode-se admitir, em princípio, que em toda situação de grupo (grande, pequeno, de trabalho, de diversão, cultural ou econômico) há uma representação imaginária subjacente, comum à maioria dos membros do grupo, ou, melhor dizendo, é na medida em que existe essa representação imaginária que há unidade, algo comum no grupo. Essas representações podem ser um obstáculo para o funcionamento do grupo no que concerne aos objetivos que lhe são atribuídos pela sociedade, por seu *status* ou pelas motivações de seus membros e podem ser a causa da paralisação de seu funcionamento; contudo, quando um grupo funciona eficazmente, é também uma representação imaginária que lhe permite encontrar a solidariedade e a eficácia. Essas imagens conservadas e superadas (*aufheben*) constituem, em última instância – para Anzieu –, a realidade interna essencial dos grupos humanos. *Não existe grupo sem o imaginário.*

Propõe-se a analisar, à luz da teoria psicanalítica, os principais processos psíquicos inconscientes que se desenvolvem nos grupos humanos; a experiência a partir da qual elabora suas investigações baseia-se, fundamentalmente, em grupos de formação. Quais são para Anzieu os processos-chave que destaca no grupo, do ponto de vista psicanalítico? Em primeiro lugar, a *ilusão grupal*, referindo-se àquele sentimento de euforia compartilhado pelos integrantes por pertencer ao grupo; o grupo produz essa ilusão grupal devido a um processo mais geral, que é o de cumprir uma função de *realização imaginária de desejos* (analogia grupo-sonho). Retoma conceitos de Ezhriel, sublinhando que os participantes

Os organizadores fantasmáticos ———————————————— **141**

se dão como representação coletiva o maior denominador comum de seus fantasmas individuais; tal como no sonho, a *fomentação fantasmática do grupo* desenvolve-se no cenário da imagem do próprio corpo desrealizada, com um pano de fundo que é o cenário imaginário do grupo. Considera que a disposição em círculo dispara imagens relacionadas com o interior do corpo da mãe.

Ademais, destaca a *ameaça de perda da identidade pessoal* produzida pela situação de grupo; considera que ela constitui um desafio para a integridade e a autonomia relativa do eu; o eu de cada participante está ameaçado; essa ameaça de ataque à integridade egóica mobiliza diferentes tipos de angústias arcaicas e processos defensivos contra elas. Outro aspecto que desperta seu interesse é o fenômeno de *transferência cindida* entre o pequeno grupo e o grupo amplo no dispositivo de formação delineado para suas investigações.

É sobre o desenvolvimento desses itens, muito sumariamente enunciados aqui, que a seu ver devem assentar as bases de uma *teoria psicanalítica dos grupos*.

Continua suas teorizações traçando – junto com as contribuições de Kaës, Misenard e Dorey – as linhas para uma *Teoria Geral da Circulação Fantasmática em Grupos*. Dirá, nesse sentido, que o vínculo primário entre as pessoas é a circulação fantasmática. Embora a fantasmatização, a atividade de fomentação fantasmática, seja uma atividade pré-consciente que articula representações de coisa e de palavra, e considerando a capacidade de fantasiar um dos traços mais importantes do eu, é absolutamente categórico ao afirmar que "*só existem fantasmas individuais, e é um abuso da linguagem falar de um fantasma do grupo ou um fantasma comum*. O fantasma é provavelmente a realidade psíquica individual por excelência". Observará que um grupo pode paralisar suas ações se vários fantasmas individuais lutarem entre si para se impor, ou a unidade aparente de um grupo pode se fortalecer na coalizão defensiva contra determinado fantasma individual.

O "fantasma individual" é uma cena imaginária que se desenvolve entre vários personagens; disso, Anzieu deriva a hipótese de que o fantasma tem uma organização grupal interna; em sua conduta, seus sintomas, seus sonhos noturnos, o sujeito procura realizar uma cena, na qual geralmente está presente na condição de espectador e não de ator[6]. As posições que faz os outros ocuparem e que ele mesmo ocupa são permutáveis, mas sua estrutura permanece a mesma; cada personagem resulta de uma ou várias identificações e uma ou várias figurações de processos psíquicos; o aparelho psíquico utiliza as identificações do indivíduo para devolver-lhe, representadas, as instâncias psíquicas e pulsões que operam nele e para dramatizar suas relações e conflitos.

A partir disso, René Kaës elaborou a hipótese de uma homologia entre a organização grupal interna do fantasma e a situação grupal, na qual alguns membros

· · · · · · · · ·

6. Concorda com a definição de fantasma elaborada por Laplanche e Pontalis J. B. em seu *Vocabulário da psicanálise* (Labor, Barcelona,1974 [Ed. bras.: São Paulo, Martins Fontes, 4ª ed., 2001.]): "Encenação imaginária em que o sujeito se acha presente e que representa, de modo mais ou menos deformado pelos processos defensivos, a realização de um desejo e, em última análise, de um desejo inconsciente."

Os organizadores fantasmáticos ———————————————— **143**

servem para outros, ora como pontos de identificação, ora como suportes projetivos para sua tópica subjetiva e suas pulsões. *É essa organização grupal interna do fantasma individual que fundamenta a possibilidade do fenômeno de ressonância fantasmática.* A ressonância fantasmática é o reagrupamento de alguns participantes em torno de um deles, o qual dá a ver ou a entender, através de seus atos, seu modo de ser ou suas palavras, seu (ou um de seus) fantasma individual inconsciente. Sublinhamos o caráter de reagrupamento, que quer dizer não tanto acordo mas interesse, convergência, eco, estimulação mútua. Enquanto portador de um desejo recalcado, um fantasma suscita naquele ante o qual se desvela o horror, a fascinação ou a indiferença conforme desperte – nessa testemunha que se sente convidada a se transformar em ator – uma violenta condenação, um desejo análogo mas até então latente, ou eficazes mecanismos de defesa, em particular de negação. Dessa forma, essa corrente entende o discurso do grupo como a colocação em cena e em palavras do fantasma daquele que é o "portador"; alguns membros do grupo se situam com relação a ele tomando o lugar de cada um dos protagonistas e ocupando uma das posições individuais incluída no cenário fantasmático do "portador". É claro que os intercâmbios se dão com os participantes que conseguem – por seus próprios jogos fantasmáticos – ocupar um dos lugares que o fantasma comporta. É a partir dessas considerações que Missenard considera que um fantasma individual inconsciente se transforma em "organizador" do comportamento do grupo.

Anzieu desenvolverá essa contribuição de Missenard pontualizando que *o fantasma individual inconsciente é o primeiro organizador do grupo; as imagos e os fantasmas originários constituem o segundo e o terceiro organizadores do grupo*[7].

Depois dessa classificação, Anzieu reconhecerá que nem tudo se reduz à psicologia e que sem dúvida existem organizadores econômicos, sociológicos, históricos etc. do grupo, conhecidos ou por investigar, mas esclarece que isso não é incumbência sua.

B. Problemas de demarcação

Em primeiro lugar, nota-se que Anzieu e sua escola retomarão a intenção de Bion na busca de organizadores grupais. Que organizadores encontram? O fantasma individual prevalecente, imagos e fantasmas originários. Suas investigações esclarecem algo, sem dúvida muito importante: *não existe fantasma grupal, isto é, o a mais dos grupos não residiria em um fantasma coletivo.* Refuta-se assim a idéia de uma mente – agora inconsciente – grupal, e se afirma a hipótese de *fantasmas "individuais" que entram em ressonância fantasmática;* essa noção, já presente em autores ingleses como Ezhriel e Foulkes e agora mais elaborada, enfraquece a idéia de um inconsciente grupal.

Deve-se sublinhar a importância – para uma genealogia do grupal – dessa diferenciação, uma vez que,

....

7. Essa corrente toma como modelo os três organizadores psíquicos sucessivos na criança teorizados por Spitz.

Os organizadores fantasmáticos _____ **145**

como se pôde observar[8], a polêmica assinalada por Asch na Psicologia Social entre "individualistas" e "mentalistas" transpõe-se para a psicanálise quando esta começa a implementar dispositivos grupais na Clínica. Surge assim a presunção, em um dos pólos do debate, de que existe um inconsciente grupal ou fantasias grupais inconscientes. Falsa alternativa que oscila entre a tentativa de encontrar o a mais grupal em um inconsciente de grupo e denegar esse a mais reduzindo o grupo a um agregado de indivíduos em que não haveria que buscar nenhum a mais de suas produções subjetivas. Duas formas de expressão do *a priori* individualista: uma pensa os problemas subjetivos grupais como dotados dos mecanismos das produções inconscientes singulares; a outra não consegue pensar outras formas de produções subjetivas que não sejam as inerentes à singularidade.

Essa corrente francesa supera o *impasse* da oposição antinômica com a enunciação da *grupalidade do fantasma singular, condição de possibilidade da ressonância fantasmática grupal.*

Em que reside a possibilidade de ressonância fantasmática? Na grupalidade do fantasma. Isso significa que, na medida em que o fantasma é uma encenação que se desenvolve entre vários personagens, é sempre uma imagem coletiva e possui portanto uma "estruturação grupal interna"; disso decorre seu caráter organizador nos grupos. Da mesma maneira, as imagos e os fantasmas universais criam condições para se constituírem

....

8. Ver capítulos II e IV.

em outros organizadores das instâncias da vida coletiva. Fica claro, então: *o fantasma individual é grupal, o que não equivale a dizer que existe um fantasma de grupo*. Ou seja, a integração das pessoas reais a uma situação grupal, dadas as características antes mencionadas, dispara, mobiliza, as instâncias ou formas grupais de sua própria subjetividade. Por isso podem se agrupar.

Aquilo que ressoa e fala ou age desde os participantes de um grupo são *posições* na cena fantasmática. A singularidade – não o individual – depende da forma de cada qual se posicionar e ressoar na cena mencionada ou com relação a ela.

Nesse sentido, embora seja importante sublinhar que as contribuições da encenação grupal que o fantasma implica permitem superar a noção de fantasia inconsciente grupal a partir da noção de *grupalidade do fantasma*, essa mesma idéia torna necessárias algumas pontuações. A justaposição da palavra "individual" a "fantasma" parece se esvaziar de sentido. Se o indivíduo é o sujeito indiviso da consciência, o termo "individual" deixa de ser pertinente ao campo psicanalítico e portanto às contribuições psicanalíticas ao campo grupal.

Resulta mais frutífera a noção de "singularidade", que despoja cada qual do suporte corporal e torna impossíveis de sinonímia ou superposição *eu função* e *eu imaginário*[9].

....

9. Não analisaremos aqui o grau de precisão ou exatidão do uso que essa corrente faz do termo psicanalítico "fantasma" por considerarmos esse ponto uma polêmica mais pertinente ao debate interno do campo psicanalítico do que a essas considerações sobre uma genealogia do grupal. No entanto, não se pode deixar de

Os organizadores fantasmáticos

Com respeito aos organizadores, Anzieu reconhece que nem tudo se reduz à psicologia; que, embora existam organizadores econômicos, sociológicos, históricos etc. de grupo, conhecidos ou por investigar, eles não são incumbência sua. Por que não são incumbência sua? Porque definiu seu interesse dentro do campo psicanalítico e reconheceu como sendo sua intenção formular uma teoria psicanalítica dos grupos; de qualquer modo, impõe-se aqui uma indagação: *trata-se de uma estrita delimitação de campo disciplinar ou de uma limitação das abordagens de objeto discreto?* Opera aqui o *a priori* indivíduo-sociedade? Que presença podem conservar os organizadores socioculturais – por exemplo, o poder, o dinheiro e as ideologias, para citar Lourau – ao serem silenciados ou invisibilizados, seja nas interpretações e/ou na reflexão teórica? As ressonâncias fantasmáticas não correm então o perigo de serem pensadas como "os" dinamismos grupais ou como o embasamento de todo movimento grupal?

Faz-se necessário diferenciar que o fato de as experiências grupais enlaçarem indubitavelmente fantasmas não equivale a pensar que a experiência de grupo é fantasmática[10]. Caso se retome a exigência feita por essa corrente no tocante ao enquadre psicanalítico para que ele favoreça a emergência, a elaboração e a interpretação das formações e dos processos psíquicos implicados na elaboração do grupo (isto é, o reconhecimento por

· · · · · · · · ·

assinalar a necessidade de repensar a noção de fantasma e a diferenciação *je-moi* a partir das contribuições de J. Lacan e seguidores.

10. Percia, M. Taller Abierto y Permanente. Cátedra Teoria e Técnica de Grupos. Faculdade de Psicologia, UBA, 1987.

parte desses autores de que a situação grupal se desenvolve a partir das características do dispositivo), seria legítimo interrogar o dispositivo desenhado para a realização de suas atividades grupais; nele, os integrantes se reúnem em grupo para falar da experiência de grupo: não será o próprio desenho da experiência que favorece uma conceituação onírico-fantasmal dos grupos?

Nesse sentido, nosso intuito não é fazer uma crítica do dispositivo desenhado por essa corrente em seus grupos de formação; muito pelo contrário, ele parece reunir as condições para satisfazer o objetivo que seus idealizadores se propuseram a alcançar: o grupo como contexto de descoberta das formações do inconsciente. Pretendemos fazer uma advertência ante a possível extensão substancialista mediante a qual as propriedades a que esse dispositivo dá visibilidade se vejam, em seu processo de enunciabilidade, conotadas como as propriedades essenciais dos grupos ou como os determinantes estruturais dos quais todo acontecer grupal seria uma expressão, as formas disfarçadas pelas quais isso fala.

Fazem-se necessárias algumas precisões. Em primeiro lugar, Anzieu e sua escola desenham um dispositivo que, como Kaës sublinha, organiza as formas de desenvolvimento da situação grupal, ou seja, produz a visibilidade de determinados acontecimentos grupais e – a bem da verdade – não são poucas nem irrelevantes as áreas de visibilidade que abre. Dá forma à noção de ressonância fantasmática já esboçada pelos autores ingleses e diferencia a grupalidade do fantasma – virtua-

Os organizadores fantasmáticos

lidade mediante a qual a ressonância fantasmática é possível – de um eventual fantasma de grupos, assentando um marco muito importante na polêmica sobre a pertinência ou não de enunciar fantasmas coletivos.

Deixa na invisibilidade outros organizadores grupais não enunciáveis a partir de suas conceituações psicanalíticas; e isso não é um erro ou um defeito uma vez que a preocupação dessa escola é formular uma teoria psicanalítica dos grupos e não uma teoria do grupal. Diferentemente de Bion, que não encontrava nenhuma justificação para chamar de psicanálise os procedimentos psicoterapêuticos de grupo que levou adiante, essa corrente afirmará os grupos como espaços válidos para investigar formações inconscientes, e eles sem dúvida o são com a condição de não considerar essas explorações como estritas investigações do grupal; nesse sentido, poder-se-ia afirmar que essa corrente preocupou-se em desenhar espaços grupais que tornem possíveis a manifestação e a investigação de formações inconscientes. Ou seja, sua principal preocupação não é investigar grupos, mas implementar dispositivos coletivos para investigar formações inconscientes. Isso não exclui o fato de que suas contribuições constituam conceituações de grande importância, e a esta altura ineludíveis para investigadores do campo grupal. Ineludíveis com a condição de que se possa realizar certas delimitações[11].

. . . .

11. Costuma-se encontrar em nosso meio articulações de contribuições de Pichon-Rivière com a escola de Anzieu que nem sempre demonstram a vigilância epistêmica necessária.

Embora afirmem que entre o aparelho psíquico grupal e o individual – dotados das mesmas instâncias – existem diferenças em seus princípios de funcionamento: aparelhos homólogos mas não isomorfos, restam muitas dúvidas no tocante à articulação dos organizadores grupais que essa perspectiva psicanalítica tornou visíveis com aqueles que necessariamente ficam na invisibilidade desde tal perspectiva teórica e seus dispositivos. Não invalidamos ou subestimamos a importância dessas contribuições que, como já foi dito, possibilitaram a elucidação dos enodamentos-desenodamentos fantasmáticos nos grupos; o problema é que se não se admitir que esta é uma visibilidade aberta por determinado campo disciplinar, essa elucidação pode deslizar e levar a pensar que esses enlaces são os organizadores grupais – todos os organizadores ou aqueles a que outros organizadores estão subordinados em sua determinação.

É importante pontuar delimitações estritas, tanto epistemológicas como metodológicas, já que, na ausência delas, corre-se o risco de incorrer em outra forma de psicanalismo; para tanto, é interessante a diferença que Larriera estabelece entre psicologização e subjetivação, a partir de sua análise do texto freudiano de *Psicologia das massas e análise do eu*. Diz o autor:

> O texto freudiano é particularmente ilustrativo, em sua revisão das concepções da psicologia social, do *abismo que separa a psicologização da subjetivação*. E isso é, na verdade, psicanálise de massas, o que de modo algum pode ser tido por uma aplicação da psicanálise ao so-

cial; as massas não têm nem mãe nem pai, nem pulsões nem desejos, assim como não existem os fantasmas coletivos das multidões. Qualquer asseveração nesse sentido nada mais faz que desvirtuar o rigor freudiano ao considerar a questão, pois Freud somente estabeleceu as condições estruturais do sujeito que permitem que "faça massa". Em outras palavras, formulou o fundamento subjetivo do acontecimento de massa, seu princípio material. Massa é o que o sujeito não pode deixar de fazer pelo fato de ser sujeito: foi isso o que Freud demonstrou. Operou uma de-substancialização do acontecimento de massa ao fornecer suas condições de causação, mas disso não decorre a possibilidade de reinscrever nesse campo a criança, seus progenitores ou uma pulsão qualquer, pois isso seria voltar a substancializá-lo, transformando o passo dado em uma nova psicologia.[12]

É nesse mesmo sentido que afirmamos que tornar visível a grupalidade do fantasma individual como virtualidade da ressonância fantasmática nos grupos dá conta das condições estruturais do sujeito para que "faça grupo" (ou "faça nó"). Por esse motivo, é relevante para uma genealogia do grupal diferenciar a contribuição que essa escola psicanalítica realiza para a compreensão das condições estruturais do sujeito para que "faça grupo" de uma narrativa psicanalítica mediante a

....

12. Larriera, S. "Aproximaciones a una topología grupuscular psicoanalítica", em *Desarrollo en psicoterapia de grupo y psicodrama*, Gedisa, Barcelona, 1982. Também trabalhou essas diferenciações Percia, M. Clases Taller Abierto Permanente, Cátedra Teoria e Técnica de Grupos "A", Faculdade de Psicologia, UBA, 1987.

qual possam ser substancializados, psicologizados ou psicanalitizados processos grupais.

Que significa aqui substancializar? Transformar certos processos grupais que determinado dispositivo e seu marco teórico tornam possíveis nos processos essenciais, fundantes ou determinantes de um grupo; ao serem essencializados, passam a ser situados como determinantes estruturais de qualquer outro movimento grupal, com a conseqüente centralização teórica e profissional do campo disciplinar que tal hegemonia consiga alcançar; desse modo, a escuta do coordenador privilegiará necessariamente esses processos como fundantes; e o pensamento do teórico pode pender para a ilusão de completude mediante a qual, partindo do objeto discreto de sua disciplina, pode fidedignamente dar conta de um campo complexo, descontínuo e paradoxal como o grupal.

Em suma, essa corrente, que desde um primeiro momento propõe como um de seus objetivos centrais dar um estatuto psicanalítico ao trabalho com grupos, dá inteligibilidade às condições mediante as quais o sujeito de sua disciplina, o sujeito inconsciente, entra em ressonância fantasmática e "faz" grupo.

A partir daí, seria uma extensão indevida afirmar que os grupos *são* fantasmáticos ou que a identificação *é* o motor dos grupos[13]. A ressonância fantasmática, a identificação etc. são os motores grupais sobre os quais a psicanálise, pelas características de seu objeto de es-

....

13. Lemoine, G. e P. *Teoría del psicodrama*, Gedisa, Barcelona, 1979.

Os organizadores fantasmáticos —————————————— **153**

tudo e os dispositivos que desenha para revelá-lo, tem possibilidades de produzir visibilidade e enunciabilidade.

Na Argentina, essa confusão epistêmica costuma ser reforçada pelas próprias práticas grupais, uma vez que a maioria delas ocorre dentro da clínica psicanalítica e portanto, ali sim, o eixo do trabalho são – necessariamente – os jogos de ressonâncias fantasmáticas e/ou os jogos identificatórios; por isso, é importante insistir nesse tópico; ali, o dispositivo grupal, enquanto espaço tático, está desenhado para abrir visibilidade a esses jogos, já que é precisamente isso o que procura analisar.

Até aqui não pareceria haver nenhum problema. Ele surge quando se produz um salto epistêmico no qual se organizam várias operações simultâneas: em primeiro lugar, permanece na invisibilidade o fato de que os processos grupais "observados" são aqueles que o dispositivo desenhado torna possíveis de ver. A partir daí, *esses* processos que *este* dispositivo visibiliza, passam a ser considerados *os* processos grupais determinantes de todo acontecer grupal; quando essa hierarquização toma uma forma globalizante, estão dadas as condições para outorgar a tais processos as características de substância, de essência grupal.

Em outros casos, isso posiciona uma centralização teórica e, ao psicologizar ou psicanalitizar – no sentido de extraterritorialidade psicanalítica – a leitura do grupal, inclina-se a tensão do singular-coletivo para sua forma "indivíduo" antinômica com sua forma "sociedade", acentuando a existência de determinados acontecimentos grupais e gerando ilusória, mas eficazmente, a não existência de outros movimentos. Por exemplo, quando essa escola destaca o espaço grupal como ameaçador da integridade egóica, corre o risco de invisibilizar tal espaço como suporte identificatório.

Nesse sentido, é importante sustentar a tensão operante entre ameaça ao eu e suporte identificatório, ou seja, reconhecer sua coexistência conflituosa, paradoxal, em que não é possível reduzir um pólo da tensão à lógica interna do outro pólo. A tendência a inclinar-se para um dos pólos costuma se dar em virtude de ter se instalado a antinomia "indivíduo-sociedade", mas como esse *a priori* funciona na qualidade de impensável ideológico, passa a funcionar gerando o reducionismo psicológico – nesse caso – que substancializa o que previamente reduziu. Assim, dizem: "os grupos *são* uma ameaça à identidade", ou o contrário, "os grupos *são* um suporte identificatório e/ou solidário", quando, na verdade, dever-se-ia relativizar a afirmação, dizendo que em determinadas condições – e será preciso investigar quais, como etc. – tal grupo põe em jogo significações imaginárias em função das quais alguns de seus integrantes percebem-no como ameaçador ou então como suporte. Ainda cabe outra interrogação: O que é ameaçado em um grupo? Seria preciso efetuar maiores precisões conceituais que permitam manter uma distinção eficaz entre noções tais como "indivíduo", "identidade", "eu". Se o ameaçado for o *"autonomus ego"* (Lacan), não poderia ser diferente, uma vez que a presença do outro desmente sua ficção unitária. Que é sustentado nesse espaço coletivo? O outro – enquanto

Os organizadores fantasmáticos

semelhante e diferente – está ali para tornar possível que no laço social o sujeito se recrie como tal.

Com respeito à substancialização mencionada, operam-se duas reduções ao mesmo tempo. Por um lado, só se "vê" a lógica de um dos pólos; por outro, como a partir dessa primeira operação demonstra-se o que os grupos *são*, fecha-se a interrogação acerca de por quê, como, quando, tal grupo opera como ameaça ou como suporte para seus membros; além disso, dessa forma fecha-se também a investigação sobre as diferenças de inscrição das significações imaginárias que possam existir entre os diversos integrantes do grupo, já que será ameaça para uns, suporte para outros etc. Mas se, em função do *a priori*, essa produção for naturalizada, fecha-se a indagação acerca de por quê, como, para alguns dispara determinada significação e não outra. A pressa em encontrar o *a priori* na "experiência" costuma tornar desnecessária toda investigação, e, portanto, em vez de ela ser um observável local a interrogar, transforma-se – em função da pressa mencionada – numa evidência fática que não necessita de nenhuma pergunta.

Por exemplo, quando essa escola desenvolve sua análise sobre os grupos amplos, põe a ênfase nos processos de cisão da transferência em função dos quais o grupo amplo é um lugar propício para intensos movimentos de transferência negativa. Quando afirma isso, parece não poder avaliar a incidência do dispositivo escolhido nesse acontecer. Observam que a transferência se cinde em negativa para o grupo amplo e positiva para o pequeno grupo. Isso lhes permite generalizar afirmando que os grupos amplos promovem movimentos transferenciais negativos. Antes de fazer tal asseveração, seria preciso investigar que características do dispositivo facilitam esses processos. Outro fator imprescindível na análise da cisão da transferência é, evidentemente, a indagação das inscrições institucionais nesses grupos. Também haveria que se perguntar se é possível desenhar dispositivos em que isso não ocorra. Por outro lado, ao psicanalitizar a leitura e manter invisíveis as formas circulantes de transferência institucional cerceia-se outro importante vetor de análise para investigar os como e quando se produz esse tipo de cisão da transferência. Assim, naturaliza-se como sendo uma característica dos grupos amplos a tendência a produzir situações transferenciais e contratransferenciais muito conflituosas para os coordenadores, que, segundo Anzieu, "ficam temerosos de coordenar grupos amplos"[14].

Em investigações realizadas em âmbitos muito diferentes dos grupos de formação dessa escola, destacam-se outras configurações emblemáticas que os grupos amplos produzem, facilitando as condições para a produção de significações imaginárias que sustentam suportes identificatórios e/ou de restituição de identidades gravemente ameaçadas por situações traumáticas: trabalhos grupais com familiares de desaparecidos, com sobreviventes de campos de desaparecidos, mu-

....

14. Anzieu, D. *Op. cit.*

Os organizadores fantasmáticos ——————————————— **157**

lheres vítimas de violência, ex-combatentes da Guerra das Malvinas, ou situações não tão limites mas muito desestruturantes evidenciadas no trabalho com equipes de médicos de serviços em que são atendidos recémnascidos de alto risco[15], em que os dispositivos grupais montados, mais que gerar fantasias de ameaça egóica, são vividos como espaços de sustentação e restituição.

Recordemos que Freud pontualizara que na vida psíquica do indivíduo *o outro intervém regularmente como modelo, suporte e adversário.* Esses três tipos de figurações estão em jogo – os três – nos coletivos humanos; quando uma teorização acentua algum deles, será preciso manter a vigilância epistêmica suficiente para poder analisar de que modo funcionam aqui os *a priori* conceituais do *"autonomus ego"*, em que medida o dispositivo planejado, a transferência institucional ou os objetivos da atividade realizada criam a ilusão de eliminar a tensão ameaça-suporte pendendo para um dos pólos. A ênfase é posta aqui no viés "ameaça" porque é mais freqüente encontrá-lo em nosso meio, mas o mesmo se aplicaria aos dispositivos que tendem para a figuração "suporte" sem levar em conta a figuração "ameaça", produzindo geralmente processos grupais-institucionais ilusórios que tornam mais difícil para seus integrantes a reinserção em sua comunidade.

Em suma, *não se pode analisar o que se naturaliza; não se pode teorizar o que se substancializa.* A condição

. . . .

15. "Los grupos y la comunidad", Mesa-Redonda, Cátedra Teoria e Técnica de Grupos "A", Faculdade de Psicologia, UBA, 1986.

das operações de análise e teorização é manter a interrogação, problematizar, não só o que se oferece obscuro, o que produz dúvidas, mas também – e fundamentalmente – é necessário interrogar e problematizar o óbvio. É nas fortes evidências que se encontram as fortalezas das produções ideologizadas.

As "descobertas" dessa corrente permitiram encontrar as condições estruturais do sujeito inconsciente para que faça nó. A partir daí, abre-se a investigação que permita "descobrir" nos coletivos grupais a articulação desses organizadores subjetivos singulares com os organizadores institucionais e sociais.

Outro ponto de difícil investigação será conseguir focalizar em que momento uns ou outros são vetores predominantes na organização de determinados enlaces grupais. Por exemplo, embora se pudesse afirmar que as condições estruturais para que o sujeito inconsciente faça nó estão dadas como condições fundantes de um grupo, observou-se que uma inscrição institucional conflituosa pode tornar impossível chegar a essa condição. Certas configurações emblemático-institucionais têm a faculdade de tornar possíveis ou impossíveis os enodamentos-desenodamentos fantasmáticos.

Seria um caminho que não leva a nenhum lugar discutir se a condição fantasmática é mais importante que a institucional, ou vice-versa; a preocupação com a "determinação" de maior peso costuma ser mais uma forma de disputa por hegemonias teóricas ou profissionais do que formas de investigar o problema.

Os organizadores fantasmáticos ————————————————— **159**

Nesse sentido, descentralizar-se dessa implicação permite encontrar a necessidade de interrogar pontualmente em cada situação como agem as diversas variáveis, que fatores tornam possíveis determinadas articulações e não outras. Em suma, quando, como, por quê, em um nó grupal, alguns de seus fios constitutivos ganharam maior significação que outros em um momento dado.

C. *Terceiro momento epistêmico:*
o esgotamento do objeto discreto

Apesar de que não iremos nos deter na minuciosa análise que as contribuições de René Kaës mereceriam, particularmente com relação à sua formulação de um aparelho psíquico grupal, sublinharemos que esse autor mantém operante sua preocupação com a articulação do que ele chama o "grupo de dentro" e o "grupo de fora", ou seja, grupalidade interna e grupo real. Além disso, reconhece que tem de lidar com a dificuldade de trabalhar a partir de um único campo disciplinar e nem por isso deixar de levar em consideração os organizadores socioculturais que Anzieu anunciara como possivelmente existentes. Pontualiza que o grupo, como objeto representado, é uma imagem cujos referentes são a um só tempo endopsíquicos e externos, isto é, correspondentes à realidade material e social. Dirá que tanto a ilusão objetivista como a subjetivista ocultam o fato de que a representação pode ser uma codificação simbólica de várias ordens de realidade dentro de um sistema cognoscitivo e social. Afirma que tanto a experiência como o estudo dos grupos oscilam entre uma tendência a tornar isomórficos a representação inconsciente do objeto, o modelo sociocultural de referência, a base material de agrupamento e o processo grupal; e uma tendência a desuni-los, a ocultar sua existência e suas vinculações, ou a deslocar uma dessas dimensões sobre outra. Por exemplo, a *redução realista* ignora o fato de que o processo grupal é tributário do objeto-grupo representado; inversamente, a *redução psicologicista* desconhece a existência no processo grupal da determinação por sua base material. Esses dois tipos de redução cumprem uma função análoga de mascaramento da descontinuidade entre a realidade psíquica e a realidade social. Faz-se necessário, portanto, compreender em primeiro lugar a razão dessas reduções e pensar as formas de articular tanto o que é confundido quanto o que é separado[16].

Reconhece que trabalhar com essa dupla inserção coloca no centro do debate a questão da articulação intermediária, com a dificuldade adicional de que a lógica desses sistemas ainda não foi explorada, assim como tampouco o foi a lógica de suas relações[17].

Interessa destacar o caminho que se abre a partir do propósito de manter a visibilidade de outros organizadores, além dos fantasmáticos já trabalhados por es-

·········

16. Kaës, R. *El aparato psíquico grupal*, Gedisa, Barcelona.
17. Ver capítulo II.

sa escola. Nesse sentido, tornam-se imprescindíveis algumas pontuações epistemológicas; por exemplo, questionar a validade da categoria de intermediário para a abordagem da articulação dos distintos organizadores grupais. Embora tal categoria possa admitir a mediação de níveis heterônomos como o psicológico e o social, não se pode deixar de considerar que freqüentemente, e sobretudo nas fases constitutivas dos campos disciplinares, o resultado do debate geralmente evolui, segundo Kaës, para posições reducionistas.

Por outro lado, essa articulação não poderá evitar os reducionismos assinalados enquanto não se abandone a epistemologia das ciências positivas, na qual ainda hoje se fundamentam as Ciências Humanas, já que aquela epistemologia supõe um objeto discreto, autônomo, reproduzível, não contraditório e unívoco; implica uma lógica do Uno, na qual a singularidade do objeto teórico não deve se ver afetada, dado seu isolamento metodológico, pelas condições de possíveis aproximações com outros campos disciplinares[18].

Em "El dispositivo grupal", já tínhamos assinalado que uma eventual teoria dos grupos não tinha constituído seu objeto teórico, indicando que isso talvez se devesse às características específicas dos acontecimentos dos quais é preciso dar conta; também insistimos na insuficiência de abordagens realizadas a partir de um único campo disciplinar dados os múltiplos atravessamentos dos grupos, bem como as dúvidas epistê-

....

18. Kaës, R. *Op. cit.*

micas suscitadas pela possibilidade de postulação de um objeto formal abstrato grupo. De todo modo, a exigência de buscar, por exemplo, "o objeto formal abstrato" (Althusser-Herbert)[19] de uma disciplina operou em nosso meio, na década de 70, tanto num sentido positivo como num sentido negativo. No primeiro aspecto, atuou como denunciante da falta de sustentação teórica da maioria das técnicas grupais (exaltação da experiência, da sensibilidade, da criatividade etc.); no segundo aspecto, foram desvalorizados, no terreno das psicologias, todos os campos disciplinares – entre eles o grupal – que não estivessem claramente incluídos no campo psicanalítico, na medida em que este era o único campo que constituíra seu "objeto formal abstrato". Por outro lado, é provável que esse tenha sido um dos muitos e complexos vetores que confluíram para a restrição emblemático-profissional de muitos psicólogos argentinos.

A lógica do objeto discreto certamente revelou-se fonte de problemas para compreender as transferências mútuas entre os vários níveis, já que, com base nela, não se pode pensar a articulação das formações do singular e do coletivo.

Atualmente, abre-se a expectativa com respeito às investigações sobre a lógica do paradoxo e do descon-

....

19. Para uma crítica do objeto formal abstrato, ver Thompson, E. P. *La miseria de la teoría*, Crítica, Barcelona, 1981 [Ed. bras.: *A miséria da teoria*, Rio de Janeiro, Zahar, 1981.] e Debrassi, J. C. "Algunas consideraciones sobre la violencia simbólica y la identidad como émblema de poder", em Bauleo, A. (comp.), *Grupo operativo y Psicología Social*, Imago, Montevidéu, 1979.

Os organizadores fantasmáticos **163**

tínuo; podem contribuir significativamente para compreender, a partir de epistemologias transdisciplinares, esses espaços.

O que nos interessa é ressaltar o esboço de abertura epistemológica que, a partir dessas considerações, poderia ser iniciada quando se torna visível uma espécie de *esgotamento das lógicas de objeto discreto para pensar o grupal.* Nesse caso, fica colocado um desafio na indagação dos nós teóricos grupais: refletir sobre a pertinência de enfoques epistemológicos transdisciplinares.

Capítulo VII
O nó grupal

A. O grupal como campo de problemáticas

A questão dos organizadores grupais remeteu a um tópico altamente complexo; por exemplo, vimos no capítulo anterior como os dispositivos grupais psicanalíticos deram visibilidade aos organizadores fantasmáticos dos grupos; mas a dificuldade se apresenta quando surge a necessidade de pôr em jogo organizadores socioculturais, procurando articulá-los com os anteriores. Embora a categoria de intermediário possa oferecer algum instrumento de indagação, tudo leva a crer que a questão dos organizadores grupais está muito mais "enodada".

Muitos dos esboços conceituais que se oferecem nesse ponto com respeito aos enodamentos-desenodamentos grupais foram gerados a partir do trabalho em psicodrama psicanalítico; resultou particularmente

166 _____ *O campo grupal*

produtiva a investigação[1] e aplicação clínica e docente da técnica de multiplicação dramática[2]. Montada como laboratório, essa técnica tornou visível, através da multiplicação de cenas, que tanto em cada uma das cenas de uma multiplicação como em sua seqüência operam simultaneamente inscrições muito diversas de referentes desejantes, grupais, institucionais e sociopolíticos; o mesmo ocorre nos momentos discursivos do trabalho (tomando, é claro, tanto a dimensão do dito como do não dito do discurso). Essas inscrições produzem-se simultaneamente, não são homologáveis, mas têm em comum o fato de que todas escapam ao registro consciente dos integrantes.

Cada cena, assim como sua seqüência, para além de seus componentes expressivos, comunicativos, é geradora de múltiplos sentidos. Por outro lado, é impossível esse sentido ser lido exclusivamente pela coordenação; os comentários grupais posteriores, em sua dimensão do dito e do não dito, tornam possível o acesso a algumas das linhas de sentido operantes. Portanto, nunca se está em presença de um único sentido que possa funcionar como fechamento, dando conta do multiplicado. Aparecem múltiplos sentidos e, ainda assim,

·········

1. Grupo Convergência, "Juego de roles y registro fílmico. Un instrumento interactivo para la formación de psicólogos y psiquiatras", Congresso de Meios não Convencionais de Ensino, Buenos Aires, 1983.

2. Para ampliar noções da técnica de Multiplicação Dramática, ver Smolovich, R. "Apuntes sobre multiplicación dramática", em *Lo grupal 2*, Búsqueda, Buenos Aires, 1985; Pavlovsky, E. "La obra abierta de Umberto Eco y la multiplicación dramática", em *Lo Grupal 5*, Búsqueda, Buenos Aires, 1987; Albizuri de Garcia, Olga. "Contribuciones del psicodrama a la psicoterapia de grupos", em *Lo grupal 3*, Búsqueda, Buenos Aires, 1986.

O nó grupal

"sabe-se" que o que acontece numa situação grupal é muito mais que aquilo de que se pode dar conta; tal qual o umbigo do sonho freudiano, num grupo sempre há um a mais do acontecer que escapa a sua inteligibilidade, estranhezas, sem-sentidos que surpreendem, interrogam e desdizem as racionalidades construídas.

Alguns interrogantes insistem. Por exemplo, os organizadores fantasmáticos são aqueles que têm a capacidade de determinar ("organizar") o conjunto dos acontecimentos grupais? Quando se tenta dissociar a forma de indagação de uma lógica de objeto discreto, tende-se a pensar no atravessamento de diferentes organizadores; o critério de operar com uma única linha de organizadores ou de hierarquizá-los de forma estável torna-se restritivo para pensar o grupal. Isso certamente não exclui que em determinados momentos grupais alguns organizadores se tornem mais significativos que outros; por outro lado, ressaltar a singularidade do acontecimento não implica pensá-lo fora das legalidades. O que se afirma é, antes, a necessidade de *abrir o pensamento do grupal para lógicas pluralistas que legitima epistemologicamente atravessamentos disciplinares*[3].

Observa-se que em qualquer grupo humano produzem-se movimentos muito diversos: ressonâncias fantasmáticas, processos identificatórios e transferenciais, intensos sentimentos de amor-ódio em todos os seus matizes, jogos de papéis (bodes expiatórios, líde-

....

3. Eloqüente a esse respeito é o enfoque epistêmico-metodológico adotado por algumas das investigações em "História das Mentalidades". Ver Veyne, P. "La Historia conceptualizante" em Le Goff e Nora. *Hacer la Historia*, Laia, Barcelona, 1985.

res etc.); constroem-se produções lingüísticas que disparam múltiplas inscrições de sentido; geram-se apropriações de sentido em diferentes graus de violência simbólica; instituem-se mitos, ilusões e utopias; suas regras de funcionamento organizam redes de significações imaginárias que inscrevem o grupo em sua posição institucional e dão forma a seus contratos; põem-se em ação jogos de poder, hierarquias e apropriações materiais. *Pode-se pensar que tudo isso é produto de uma única linha organizacional? Qualquer organizador que tomássemos como fundante não poria a indagação no caminho da extensão indevida, isto é, da extraterritorialidade?*

Se os organizadores fantasmáticos são aqueles que tornam possível que o sujeito faça "nó", e se não se confunde o sujeito com o *"autonomus ego", quais outros organizadores tornam possível que os integrantes façam "nó"? Como operam as variáveis institucionais para transformar-se em organizadores grupais?*

Foi na tentativa de evitar o risco do reducionismo que enunciamos linhas acima que as produções grupais realizam-se através da imbricação caleidoscópica de seus organizadores; é a partir daí que se orienta a indagação acerca da necessidade de abordagens transdisciplinares para a teorização do grupal.

Um *critério transdisciplinar* supõe reformular várias questões. Em primeiro lugar, um trabalho de *elucidação crítica* sobre os corpos teóricos envolvidos, que desmonte uma intenção legitimante do que já se sabe para poder esparramar a interrogação de até onde seria pos-

O *nó grupal*

sível pensar de outro modo. Implica também o abandono de corpos nocionais hegemônicos de *disciplinas "mestras"* a cujos postulados, códigos e ordem de determinações subordinam-se *disciplinas satelitizadas*. Sobre esses pressupostos criam-se as condições para a articulação de contatos locais e não globais entre diferentes territórios disciplinares, bem como para que os saberes que as disciplinas hegemônicas tinham satelitizado recuperem sua potencialidade de articulações multivalentes com outros saberes afins.

Desse modo, os corpos teóricos funcionam como *"caixas de ferramentas"*[4], isto é, fornecem instrumentos e não sistemas conceituais; instrumentos teóricos que incluem em sua reflexão uma dimensão histórica das situações que analisam; ferramenta que, junto com outras ferramentas, é produzida para ser testada no critério de seu universo, em *conexões múltiplas, locais e plurais* com outros fazeres teóricos. Fica clara então a diferença com produções teóricas que se transformam em concepções do mundo, que se autolegitimam no interior de seu universo teórico-institucional e que por isso exigem que toda conexão com elas implique instâncias de subordinação à globalidade de seu corpo teórico.

Em função do que foi dito anteriormente, junto com essa forma de utilização das produções teóricas como caixas de ferramentas, um enfoque transdisciplinar pressupõe *desdisciplinar as disciplinas* de objeto dis-

....

4. Foucault, M. *La microfísica del poder*, La Piqueta, Madri, 1982. [Ed. bras.: *A microfísica do poder*, Rio de Janeiro, Graal, 2003.]

170
_____ *O campo grupal*

creto e, no plano da ação, certamente um certo *apagar dos contornos dos perfis de profissionalização*, ao menos naqueles mais enrijecidos.

Aqui é pertinente distinguir os critérios epistemológicos transdisciplinares da "epistemologia convergente" de Pichon-Rivière. Ambos tentam dar resposta a problemáticas que resistem a ser reduzidas a um único campo disciplinar, mas os caminhos escolhidos são diferentes. A "epistemologia convergente" aspira a que nessa convergência todas as Ciências do Homem funcionem como uma unidade operacional e tragam elementos para a construção dos esquemas referenciais do campo grupal[5]. Uma epistemologia que torne possível uma "Teoria do Homem Inteiro (inteiro inclusive em sua cisão constitutiva)"[6].

Como se pode observar, essa opção epistêmica sustenta-se numa noção de Homem muito característica dos paradigmas humanísticos vigentes nos anos 60; na ilusão do Uno, em cuja convergência as diferentes disciplinas pudessem conformar um discurso totalizador. Opção que, embora evite o reducionismo de dar conta do campo grupal desde uma única disciplina colocando as diversas ciências em inter-relação, não questiona as ciências positivas na territorialização de seus saberes.

· · · · · · · · ·

5. Pichon-Rivière, E. "Estructura de una escuela destinada a la formación de psicólogos sociales" (1969), em *El proceso grupal*, Nueva Visión, Buenos Aires, 1978.
6. Boholavsky, R. "Grupos: propuestas para una teoría", *Rev. Argentina de Psicología*, n° 22, Buenos Aires, 1977.

O nó grupal _____ **171**

Os critérios transdisciplinares sustentam-se, justamente, numa elucidação crítica desse tipo de totalização, buscando novas formas de articular o uno e o múltiplo. Em sua proposta de contatos locais e não globais, focalizam um "thema" em sua singularidade problemática e este é atravessado por diferentes saberes disciplinares; no entanto, não pretendem unificá-los em uma unidade globalizante. Portanto, mais que uma busca de universais, indagam matrizes gerativas, problemas relativamente aos quais os atravessamentos disciplinares possam dar conta das múltiplas implicações do tema em questão. Isso torna possível elucidar tanto as convergências como as divergências disciplinares com relação a ele.

Esse movimento que propõe o atravessamento de diferentes áreas de saberes a partir de "themas" a elucidar tem várias e complexas implicações. Em primeiro lugar, quando certa região de uma disciplina se transversaliza com outros saberes, põe em crise muitas de suas zonas de máxima evidência. Em segundo lugar, exige a constituição de redes de epistemologia crítica voltadas para a elaboração dos critérios epistêmicos que, em seu rigor, tornem possível evitar qualquer tipo de *patchworks* teóricos. Em terceiro lugar e já no plano das práticas, torna necessária outra forma de constituição das equipes de trabalho; se não há disciplinas "mestras", tampouco haverá profissões hegemônicas. Esse pluralismo não é fácil de alcançar.

Em função do que foi esboçado é que se propôs pensar os grupos mais como *campos de problemáticas* do que como campos intermediários entre o individual e o social[7] ou como eventuais objetos teóricos; é nesse sentido que os enunciamos como "nós teóricos", aludindo ao des-disciplinamento disciplinar que se faz necessário instrumentar para sua conceituação. Desse modo, uma eventual teoria dos grupos terá de oscilar permanentemente, num duplo movimento, investigando a especificidade do que em um grupo acontece e trabalhando – ao mesmo tempo – o entrelaçamento dessa especificidade em inscrições mais abrangentes.

Em cada acontecimento grupal operam todas as inscrições transversalmente; é claro que nem todas se tornam evidentes, embora estejam sempre ali, altamente eficazes, altamente produtivas. A noção de atravessamento é uma ferramenta válida no apagamento do contorno dos grupos-ilha, bem como para repensar o singular e o coletivo fora da tradicional antinomia indivíduo-sociedade. Ao pensar os grupos no atravessamento de suas múltiplas inscrições, criam-se as condições de possibilidade de incluí-los em campos de análise mais abrangentes. Esse critério permite trabalhar o apagamento do contorno do grupo-ilha já que, necessariamente, remete à ancoragem institucional dos grupos. Ao mesmo tempo, contribui para desfazer a antinomia indivíduo-sociedade na medida em que implica significantes sociais operando, não como efeito de influência sobre o indivíduo, mas como fundantes do sujeito.

....

7. Ver capítulo II.

B. Um número numerável de pessoas (corpos discerníveis)

Como se sabe, a identificação em sua dupla dimensão constitutiva é – a um só tempo – base libidinal do laço coletivo e da fundação do sujeito. Essa profundidade do pensamento freudiano permitiu elucidar as condições estruturais mediante as quais o sujeito faz massa: aquilo que não pode deixar de fazer pelo fato de ser sujeito[8]. Essa é a base estrutural dos mais diversos laços sociais; mas os agrupamentos que aqui interessam têm a particularidade de se darem entre um número numerável de pessoas. Isso certamente estabelece uma das especificidades do grupal; os enlaces identificatórios presentes em todo fenômeno coletivo adquirem características próprias quando, diferentemente de uma reunião de indivíduos inumeráveis, tais agrupamentos se constituem em um número numerável de pessoas.

O caráter enumerável do grupo introduz peculiaridades dos processos identificatórios na medida em que os corpos dos outros se tornam discerníveis. *Algo faz nó.* A distribuição circular do dispositivo opera efeitos que vão além do espacial, tornando possível uma parti-

. . . .

8. Freud, S. *Psicología de las masas y análisis del yo*, Biblioteca Nueva, Madri, 1967. Essa pontuação freudiana permitiu diferenciar tais condições estruturais de uma narrativa psicanalítica ou psicológica geralmente de estilo familista, que tenta explicar os processos de massa, a vida nas instituições, os acontecimentos grupais etc. com base numa particular versão do Édipo ampliado (!) mediante a qual aquela noção estrutural da psicanálise passa a fazer parte de uma bagagem terminológica que explica ou compreende rusgas, tragédias e tormentas do cotidiano institucional: o chefe é um pai autoritário, a instituição uma mãe devoradora, num amontoado de analogias e extraterritorialidades sem fim.

cular organização dos intercâmbios entre os integrantes; todos estão expostos à vista dos outros e podem, por sua vez, ver todos e cada um; essa situação particular gera condições de "olhar"; olhar que desliza entre as tensões do reconhecimento ou do desconhecimento, da ameaça ou do apoio; jogos de olhar que desencadearão ressonâncias fantasmáticas e tornarão possíveis, ou não, processos identificatórios e transferenciais; jogos de olhar que afetam e desafetam os corpos em seus jogos produtivos de desejo e poder.

Essa característica dos processos identificatórios de um número numerável de pessoas em que os corpos se tornam discerníveis, expostos todos a jogos de olhar, estabelece as condições para a organização de *redes* identificatórias e transferenciais. Tal peculiaridade identificatória em rede faz do pequeno grupo um *nó*. Nó que se constitui nas alternâncias de enlaces e desenlaces de subjetividades. Desse modo, propiciam-se singulares enodamentos e desenodamentos que orientam o pequeno coletivo pelos avatares de suas produções, institucionalizações e dissoluções.

Vale a pena deter-se para pontualizar uma questão à qual o trabalho com cenas dá visibilidade. O desenrolar de uma cena cotidiana em um grupo que utiliza recursos psicodramáticos no contexto da clínica permite explorar os jogos identificatórios[9], tornando manifesta a relação entre ressonância fantasmática e identifica-

....

9. Percia, M. *Clínica grupal e identificación*. Faculdade de Psicologia, Depto. de Publicações, Buenos Aires, 1987.

ção. Com que, com quem, como se produz um enlace identificatório? Em primeiro lugar, a pergunta não é com quem, mas com quê; o quem, personagem sustentado por algum integrante do grupo, abre para o com quê, com que singularidade de algum traço desse personagem se tece um enlace identificatório? Com aquele traço que ressoa por ser similar ou oposto, complementar, suplementar; com aquela posição na cena fantasmática que é motivo de suas repetições. Ressonância fantasmática, condição estrutural para que o sujeito faça nó. Fantasma: cena onde repete uma posição insistente. Repetição recriada no espaço grupal. Repetição que no próprio ato de repetir difere nas sutilezas das articulações de fantasma com cotidianidade. Repetição que, ao se desenrolar dramaticamente, aspira a explorar outras posições de seu teatro interior.

Que acontece quando um número numerável de pessoas faz nó? Produzem-se redes de processos identificatórios e transferenciais próprios e únicos desse grupo. Pode-se considerar que tal rede constitui uma primeira formação grupal. Mas a produtividade desse pequeno coletivo não se esgota nisso. *O grupo, enquanto espaço tático*, gera efeitos singulares e inéditos, desenrola a produção de suas formações, a geração de multiplicidades imaginadas e imaginárias, invenções simbólicas e fantasmáticas, bem como seus níveis de materialidade[10]. Em suma, *um grupo inventa suas forma-*

....

10. De Brasi, J. C. "Desarrollos sobre el grupo-formación", em *Lo Grupal 5*, Búsqueda, Buenos Aires, 1987.

ções, isto é, inventa as formas ou figuras de suas significações imaginárias. Estas sustentam a tensão de inventar-se em sua singularidade e em seu atravessamento sócio-histórico-institucional. É nesse cruzamento que desenrola seus acontecimentos, atos, relatos, intervenções, produções materiais, *actings*, afetações etc.

Cada grupo constrói suas ilusões, mitos e utopias; construções que se realizam num duplo movimento; aquele mediante o qual se desenrolam os atravessamentos sócio-histórico-institucionais e aquele de sua singularidade como pequeno coletivo; essas construções são únicas e exclusivas de cada grupo e, ao mesmo tempo, só são possíveis em sua inscrição histórico-institucional. São as significações imaginárias que um pequeno coletivo produz como suporte de suas práticas. Caso se devesse falar de "algo comum" que os grupos produzem, esse algo seriam as formações grupais; cada grupo configura seus próprios diagramas identificatórios, mas também seus mitos, ilusões e utopias diversos; essas significações imaginárias que os grupos produzem têm como condição necessária – mas não suficiente – a chamada "ressonância fantasmática" e os processos identificatórios.

Os mitos grupais costumam ser elaborações romanceadas de sua origem, do porquê de sua existência, mas vividos por seus integrantes como seu momento fundacional real; junto com suas utopias, tornarão possível *o romance grupal*, próprio desse grupo. Entre as produções grupais míticas e utópicas, há uma relação recíproca, já que o romance da origem costuma se organizar em função dos projetos e ilusões; ao mesmo tempo, *as utopias* que se produzam num grupo geralmente se apóiam em sua versão de por quê, como ou para que nasceu. De todo modo, cabe fazer uma certa distinção: os mitos costumam remeter à história, as utopias aos projetos, ao prospectivo.

Essas produções coletivas são componentes sempre presentes nos grupos, orientam muitos de seus movimentos, são absolutamente singulares de cada grupo e costumam ter grande incidência nas formas ou estilos de trabalho de um grupo.

Poder-se-ia dizer, então, que os mitos grupais são as significações imaginárias que um grupo constrói ao dar conta de sua origem romanceada, imbricados com as utopias do grupo e apoiados na história real de tal conjunto de pessoas.

O componente histórico opera aqui em diferentes níveis; seja numa dimensão temporal significada pelo tempo de organização do grupo como tal com sua história particular, entrecruzado pelas histórias próprias dos integrantes que o compõem; seja no momento institucional preciso em que esse grupo se formou, em função do qual os impensáveis institucionais inscrevem suas marcas no grupo; seja no momento sócio-histórico-político geral no qual desenrolará ou inibirá suas práticas[11].

Em suma, as significações imaginárias grupais, por exemplo, as ilusões, mitos e utopias de um grupo, ope-

· · · · · · · · ·

11. Bauleo, A. "Notas para una conceptualización sobre grupo", em *Contrainstitución y grupos*, Fundamentos, Madri, 1977.

ram como cristalizações ou pontos de condensação na produção de múltiplos sentidos, constituindo o caminho obrigatório por onde os fluxos produtivos do grupo transitam a construção de sua história. Assim como ressaltar as singularidades das formações grupais não exime de pensar suas inscrições sócio-histórico-institucionais, pensar ilusões, mitos e utopias como o algo comum – o a mais grupal – não exime de analisar as diversas formas de afetação de cada integrante particular nessas invenções coletivas.

Nada do que é comum é homogêneo. Algo em comum não significa subjetividades homogeneizadas. Ao mesmo tempo, ressaltar a singularidade não implica invisibilizar as produções coletivas.

Essa é sem dúvida uma importante encruzilhada teórica (ver capítulo II), mas também técnica. Intervenções de grande efeito-massa ou "simultâneas de xadrez"[12] costumam ser os recursos malsucedidos de muitos coordenadores. O desafio insiste: *sustentar a tensão singular-coletivo.*

Faz-se necessário – na medida do possível – precisar o sentido do termo imaginário quando é empregado em expressões tais como significações imaginárias, imaginário social, imaginário institucional, imaginário grupal etc. Em primeiro lugar, é necessário distinguir taxativamente essa acepção do significado que tem

....

12. Aludimos aqui a certas práticas grupais psicoterapêuticas em que a coordenação parece ser exercida como se fosse numa partida de simultâneas, interpretando rapidamente sucessivos integrantes do grupo.

O nó grupal _____ **179**

correntemente em psicanálise: imagem especular. Aqui sua utilização é tributária da acepção que esse termo adquire nas ciências sociais, particularmente na corrente historiográfica da história das mentalidades[13]. Essa corrente utiliza essa noção sem defini-la, aludindo à mentalidade de uma época, *le sprit du temps* etc. É Castoriadis – investigador em Teoria Política – que se dedica a definir com maior precisão essa noção; ele se pergunta: o que mantém uma sociedade unida? O que leva à sua transformação?

Com o termo *imaginário social*, alude ao conjunto de significações mediante as quais um coletivo, uma sociedade, um grupo, se institui como tal; para isso, tem de inventar não só suas formas de relação social e seus modos de contrato, mas também suas figurações subjetivas. Constitui seus universos de significações imaginárias que operam como os organizadores de sentido do *sócio-histórico* de cada época, estabelecendo o permitido e o proibido, o valorizado e o desvalorizado, o bom e o mau, o belo e o feio. Esses universos dão os atributos que delimitam o instituído como legítimo ou ilegítimo, acordam consensos e sancionam dissensos.

Nesse sentido, distingue o *imaginário radical* do *imaginário efetivo* (ou o imaginado)[14, 15]. O primeiro é aquela

· · · · · · · · ·

13. Vovelle, M. *Ideologies et mentalités*, FM/Fondations Maspero, Paris, 1982. [Ed. bras.: *Ideologias e mentalidades*, São Paulo, Brasiliense, 1987.]

14. Castoriadis, C. *La institución imaginaria de la sociedad*, Tusquets, Barcelona, 1983.

15. Castoriadis, C. *Domaines de l'homme. Les carrefours du labyrinthe*, Le Seuil, Paris, 1986. [Ed. bras.: *Encruzilhadas do labirinto 2 – Os domínios do homem*, São Paulo, Paz e Terra, 1987.]

instância mediante a qual o sócio-histórico inventa, imagina novos conjuntos de significações; constitui, portanto, uma potencialidade instituinte, transformadora, produtora de utopias. O imaginário efetivo, pelo contrário, tende à reprodução-consolidação do instituído; conta para tanto com mitos, rituais e emblemas de grande eficácia simbólica no disciplinamento de imagens, anseios e interesses dos integrantes de uma sociedade.

Esse autor afirma que as significações imaginárias sociais fazem as coisas serem aquelas coisas, e não outras, serem o que são. Desse modo, o imaginário torna-se "mais real que o real". É a instituição da sociedade que determina o que é real e o que não é, o que tem sentido e o que carece de sentido; toda sociedade é uma construção, uma criação de um mundo, de seu próprio mundo.

Distingue no sócio-histórico uma *ordem de determinações* e uma *ordem de significações*. É nesta última que situa sua noção de imaginário social; segundo esse autor, ambas as ordens são imprescindíveis para pensar o social e não podem subordinar-se ou serem substituídas uma pela outra.

Se tentarmos pensar essa noção no campo grupal, poder-se-ia afirmar que as ilusões, mitos e utopias que um grupo produz formam uma espécie de imaginário grupal na medida em que inventam um conjunto de significações, próprias e singulares desse grupo, mas tributárias – por sua vez – das significações imaginárias institucionais que atravessam o nó grupal bem como das significações imaginárias da sociedade onde se desenrolam seus dispositivos.

O nó grupal

Assim, passa a ser pertinente repensar a dimensão ilusional dos grupos. O ilusório não será mais unicamente mera ficção a ser desiludida, será também a dimensão a partir da qual se produzem as significações imaginárias que organizam-desorganizam tal coletivo. Será preciso distinguir, portanto, os movimentos transgressivos – equivalentes simbólicos da transgressão da proibição do incesto – dos fluxos transformadores que instituem novas significações grupais.

A elucidação da instituição de ilusões, mitos e utopias de um grupo torna possível tanto a análise dessas construções como a dos processos de circulação e apropriação delas. A distinção entre uma dimensão imaginária especular e outra social permite – por sua vez – não restringir o imaginário à indagação acerca dos jogos especulares de um grupo. No entanto, ainda resta certa obscuridade conceitual quando se pretende precisar se o imaginário especular e o imaginário social agem através de mecanismos similares e efeitos análogos ou se – pelo contrário – será necessário indagar suas especificidades e diferenças.

C. A relação texto-contexto grupal[16]

Como pode ser pensada a articulação entre tudo o que ocorre num grupo e o acontecer social em que tais

· · · · · · · · ·

16. Uma primeira versão desta seção foi desenvolvida em "Los grupos y su contexto", *Rev. Argentina de Psicología y Psicoterapia de Grupo*, n° 2, vol. IX, Buenos Aires, 1986.

atividades se desenvolvem? Tradicionalmente, essa relação também costuma ser expressa em termos antinômicos, tais como o "dentro" e o "fora" grupal; propomos, então, a interrogação das supostas barreiras dentro-fora grupal.

Alguns autores, tais como Anzieu[17] e Pavlovsky[18], são significativos a esse respeito. O primeiro relata que, num seminário de dinâmica de grupo realizado em 1968 em Paris enquanto transcorriam os acontecimentos do chamado "Maio francês", reproduzia-se no próprio processo grupal a evolução do "inconsciente social" dos franceses desse período; é como esse autor observa a dinâmica de um grupo reproduzindo a dinâmica social.

Por sua vez, Pavlovsky diz:

> o grupo é falado pelo argumento do drama inconsciente social em sua trama argumental. Cada integrante representa um personagem principal dessa trama. Fala-o seu inconsciente individual, mas a serviço de uma trama argumental que alude ou sugere uma fantasmática social.

Refletindo sobre as particularidades de sua prática como psicoterapeuta de grupo durante os últimos anos de repressão política na Argentina, constata que nos grupos aparecem novos personagens tomados de sus-

....

17. Anzieu, D. "El grupo, proyección del inconsciente social: observaciones psicoanalíticas sobre los acontecimientos de mayo de 1968", em *El grupo y el inconsciente, op. cit.*

18. Pavlovsky, E. "Lo fantasmático social y lo imaginario grupal", em *Lo Grupal 1*, Búsqueda, Buenos Aires, 1983.

peitas aterrorizadoras, que exprimem o profundo entrelaçamento da fantasmática individual com o imaginário social. Diz o seguinte: "A Instituição da Morte, recriada, reinventada na grande imaginária grupal, padecendo e recriando os terrores infinitos." Nesse sentido, pode-se falar de como ou quando o social "influi" no que acontece num grupo? Pode-se considerar a relação grupo-sociedade meramente em termos de influência? A sociedade se constitui apenas como o contexto exterior que influi sobre o grupo, orientando alguns de seus movimentos? Caso tomemos uma frase desse autor como disparador: "O grupo é falado pelo argumento do drama social", pode-se observar que a divisão entre texto e contexto torna-se cada vez mais difícil de delimitar[19].

Nesse sentido, pensamos que *o chamado contexto é, a rigor, texto do grupo*; ou seja, não há uma realidade externa que produz maiores ou menores efeitos de influência sobre os acontecimentos grupais, mas essa realidade é parte do próprio texto grupal, em suas diversas modalizações; é, portanto, fundante de cada grupo; mais que cenografia, drama grupal.

Antes de avançar no desenvolvimento desse pensamento, é necessário fazer algumas observações a respeito do termo "texto", sobretudo se pretendermos incorporá-lo a uma temática como a grupal, em princípio, bastante distante da Lingüística, disciplina a que geral-

· · · · · · · · ·

19. Do mesmo modo, afirmamos a dificuldade de sustentar a relação indivíduo-sociedade de forma antinômica. Ver capítulo II, "O singular e o coletivo".

mente esse termo está circunscrito. A palavra contexto alude àquilo que vem com o texto, que o rodeia. Pois bem, que poderia ser o texto grupal, uma vez que não se pode esquecer que o termo texto remete a uma ordem de linguagem? Assim, com o termo texto pode acontecer algo similar ao que Ducrot e Todorov[20] propuseram para o termo linguagem; nesse sentido, não é nem um pouco imprópria a advertência desses autores, que afirmam que quando se toma o termo linguagem em seu sentido mais amplo, isto é, como um sistema de signos, abandonando assim o âmbito específico do sistema de signos verbais, o termo se torna tão vasto e indeterminado que pode ser o referente de todas as ciências humanas, uma vez que – quem duvidaria disso – tudo é signo no comportamento humano, desde as estruturas e as instituições até as formas artísticas.

De todo modo, parece inevitável a influência que no momento atual os conceitos produzidos pela lingüística têm em diferentes campos das ciências humanas. Para evitar equívocos, procuraremos delimitar o máximo possível o sentido do termo texto ao utilizá-lo no campo do grupal. Em primeiro lugar, o uso que aqui é feito não se circunscreve a seu sentido verbal-escrito. Que são esses textos, essas "escrituras", em um grupo? Referimo-nos às *formas próprias que o grupo constrói,* dissociando o termo texto de sua conotação estritamente lingüística e resgatando – enfaticamente – seu sentido

....

20. Ducrot, D. e Todorov, T. *Diccionario enciclopédico de las ciencias del lenguaje,* Siglo XXI, Buenos Aires, 1976. [Ed. bras.: *Dicionário enciclopédico das ciências da linguagem,* São Paulo, Perspectiva, 1988.]

*O nó grupal*_____ **185**

mais amplo, aquele que o refere a sua produtividade. Ao resgatar a dimensão produtiva do texto, queremos ressaltar, no que em um grupo acontece, as formas próprias que um grupo produz (nesse sentido, suas escrituras). Como já foi dito, ao eliminar do termo texto sua significância verbal-escrita, recupera-se, para sua utilização no campo grupal, o sentido que lhe outorga J. Kristeva quando define o texto por sua produtividade.

Afirmamos assim que para além de suas dimensões expressiva e comunicativa, *o texto grupal tem um poder gerador de sentidos*. Implica, portanto, um jogo infinito, em que o sentido que em algum momento de leitura se lhe outorga não esgota sua produtividade. Como o texto do sonho, como os textos escritos, os textos do grupo são inesgotáveis. Mais que um sentido oculto, substancial, que a interpretação deve desvelar, o próprio texto é um permanente gerador de sentidos[21] que, em virtude de seus atravessamentos, inscreve-se em múltiplas significações. Assim, não só o dito e o não dito – ordem da linguagem, plano discursivo –, mas também os movimentos corporais, os movimentos espaciais, os silêncios, os pactos etc., vão conformando o complexo entrelaçamento das configurações ou formas de um grupo, que, num jogo inesgotável, são, por sua vez, geradores de outros múltiplos sentidos. Sentidos diversos que, por outra parte, operarão de modo particularizado em e desde os diferentes integrantes "amarrando-se" de forma singular em cada um deles.

· · · · · · · · ·

21. Sarlo, B. "El saber del texto", *Rev. Punto de Vista*, n.º 26, Buenos Aires, 1986.

186
O campo grupal

O que acaba de ser dito talvez possa ficar mais claro se pensarmos, por exemplo, numa multiplicação dramática, em que, do lugar da coordenação, mais que desvelar o sentido oculto, mais que compreender o que a cena representa, comunica ou expressa, pode-se ver como a própria cena é geradora de um jogo de combinações das distintas figurações que suas significações imaginárias inventam. A seqüência de cenas situa-se para além de um nível expressivo comunicacional; produz, gera, dispara, inventa diversos sentidos.

Assim, a intervenção interpretante, longe de constituir uma unidade fechada, longe de ter a intenção de encontrar _o_ sentido, pontua, ou seja, marca algum ponto da rede de suas produções simbólico-imaginárias; momento de uma seqüência, finalização e princípio plurivalente em que as unidades geradoras de sentido se fazem, se envolvem e se desfazem continuamente[22]. A intervenção interpretante pontua algum sentido, assinala um sem-sentido, ressalta um paradoxo. Nesse movimento, não descobre, mas cria as condições de possibilidade para que outros sentidos possam ser enunciados.

Essas considerações tentam desfazer os contornos entre o dentro e o fora grupal enquanto entidades substancializadas e pensadas em pares de opostos; é refutando esse critério antinômico que se afirma que o contexto é texto grupal e que o texto, por sua vez, é gerador de múltiplos sentidos. De todo modo, é impor-

....

22. Sarlo, B. _Op. cit._

O nó grupal

tante distinguir nesse ponto dois níveis de análise: a problematização teórica das formas antinômicas de pensar o dentro e o fora grupal em contraposição às vivências dos integrantes de um grupo ou suas expressões relacionadas com elas[23]. Ao mesmo tempo, quando o coordenador naturaliza as referências dos integrantes de um grupo, reforça a forma antinômica assinalada, criando condições para a estruturação de um grupo-ilha.

Reforçando a idéia de desfazer os contornos entre o dentro e o fora com relação à gestão dos textos grupais, propomos examinar um exemplo: numa oficina de sociodrama realizada em um congresso, em 1985, falava-se das características que a prática hospitalar adquirira durante os anos da ditadura. Propõe-se dramatizar; um grupo de pessoas se oferece para realizar a primeira dramatização, que se desenrolaria num Seminário do Serviço Hospitalar. Sentam-se no chão e, ante uns fios elétricos que estão soltos no chão (provavelmente para a conexão dos microfones), a coordenadora recomenda cuidado a um dos participantes, procurando evitar que sentasse em cima dos fios. Um dos integrantes diz "la picana!"*, comentário que é acompanhado de risadinhas nervosas de todo o grupo.

Realiza-se a dramatização do Seminário do Serviço Hospitalar; em seguida, a coordenadora pergunta se alguém tem alguma outra cena para dramatizar. Uma participante diz ter ficado impressionada com a piada

· · · · · · · · ·

23. Bauleo, A. Comunicação pessoal.
* Instrumento de tortura com o qual se aplicam choques elétricos. [N. da T.]

da "picana". Solicitam-lhe então que dramatize a cena correspondente ao que está expressando[24]. A cena que é dramatizada consiste num homem que está sendo torturado por um repressor; da cena participa um terceiro personagem que incentiva o torturador a continuar com sua tarefa.

O torturado não grita nem fala durante a cena. Uma vez finalizada a cena, a coordenadora pergunta muito cordialmente a esse participante: "Você quer dizer alguma coisa?"...

Evidenciam-se aqui dois momentos dessa situação grupal: por um lado, um fio, certamente utilizado na realidade para conectar os microfones, atravessa a cena dramatizada do Seminário, passa a ser um instrumento de tortura, torna-se texto grupal e gera sentidos; por outro, a coordenadora que, uma vez terminada a dramatização, pergunta à pessoa real que fez o torturado: "Você quer dizer alguma coisa?". Ante os olhares que se cruzam significativamente entre os presentes, ela explica ao grupo que, como o participante nem sequer pudera gritar, ela pensou que poderia ter ficado muito "carregado".

Na dimensão da cena "real" encontramos uma coordenadora muito experiente que sabe o quanto um participante que realiza um personagem de tais características pode ficar "carregado", e, em atitude de contenção, oferece-lhe um espaço de expressão-descarga.

....

24. Essa instrução é parte da técnica de trabalho. Numa seqüência de dramatizações, ante qualquer verbalização solicita-se que esta seja encenada.

O nó grupal

Em outra dimensão da cena, criou-se um personagem aterrorizador, o mais temido das sessões de tortura: aquele que aparece depois, protetor, paternal e que carinhosamente lhe pede que fale. Esse personagem travestiu a coordenadora. Superposição de textos geradores de múltiplos sentidos.

Observe-se que essa outra cena não está por baixo, nem oculta. Tudo acontece ali, texto grupal produtor de múltiplos sentidos. É nesse sentido que linhas acima dissemos que pensar as relações entre o grupo e seu contexto como relações de influência constituiria uma abordagem um tanto linear do problema. Se os grupos podem ser pensados como espaços de enlaces e desenlaces de subjetividades, insistimos no uso metafórico de uma de suas insistências etimológicas: *nós*; desse modo, os grupos podem se oferecer à indagação na condição de *enodamentos-desenodamentos de subjetividades*.

Assim, ao apagarem-se os contornos entre o dentro-fora, o em cima-embaixo, os nós grupais podem ser pensados como complexos entrelaçamentos de múltiplas inscrições. Nó. Múltiplos fios de diferentes cores e intensidades constituem-no: desejantes, históricos, institucionais, econômicos, sociais, ideológicos etc. Na realidade, contudo, o que é efetivamente registrável não são os fios que o constituem, mas sim o nó. Complexo entrelaçamento de múltiplas inscrições: tudo está ali, latejando; todas as inscrições estão presentes em cada um dos acontecimentos grupais; o que variará serão suas combinatórias em cada momento grupal, bem como seu nível de relevância em determinado momento; pensar a questão dessa maneira implica, obviamente, aceitar que num grupo estão sendo geradas muitíssimas mais produções do que as que podem ser lidas ou enunciadas.

D. A latência grupal

> *O que não existe in-siste.*
> *Insiste para existir.*
> Robinson de M. Tournier

Tudo está ali, latejando. Com essa frase, propomonos provocar uma primeira interrogação que permita recuperar teoricamente o sentido de um termo tão controvertido como latência grupal. Em nosso meio, é freqüente pensar o latente – por uma particular metaforização espacial – como o que está por baixo, nas profundezas, portanto oculto e, de tão oculto, verdadeiro... Ao mesmo tempo, costuma-se considerar a latência como efeito de estrutura. Dessa perspectiva, a função da intervenção interpretante é trazer para a superfície – ilusional – as verdades que emergem das profundezas. Como se pode observar, constrói-se uma particular correspondência entre o oculto e o verdadeiro.

Tentamos pensar essa questão desde outro lugar. Pensar o latente como o que lateja – aqui – o tempo todo, insistindo na cena grupal; mais que nas profundidades, uma latência nas dobras da superfície. Para isso, contudo, faz-se necessário re-significar os termos profundidade e superfície. "O mais profundo é a pele",

O nó grupal

dizia Paul Valery. Deleuze afirma que essa redescoberta da superfície e essa crítica da profundidade fazem parte de uma constante da literatura moderna. Cita Michel Tournier, em *Sexta-feira ou os limbos do Pacífico*:

> estranha decisão a que valoriza cegamente as profundidades às expensas da superfície e que quer que superficial signifique, não vasta dimensão, mas pouca profundidade, ao passo que profundo signifique, pelo contrário, grande profundidade e não pequena superfície.

Também se aproxima de Lewis Carroll em *Sylvia e Bruno*, em que a bolsa de Fortunato é apresentada como banda de Moebius, está feita de panos costurados *"in the wrong way"* de tal modo que sua superfície externa seja prolongação da interna; envolve o mundo inteiro e faz com que o que está dentro esteja fora e o que está fora esteja dentro[25].

A partir da figura do *grupo como nó*, pretendemos problematizar – na leitura dos processos coletivos – o dentro e o fora, o em cima e o embaixo grupais; seus múltiplos fios se entrecruzam e o que se destaca não são mais os fios fundantes, mas o nó que formaram: como delimitar agora em cima-embaixo e dentro-fora? Tudo ali, latejando-insistindo nas dobras da super-

· · · · · · · · ·

25. Deleuze, G. *La lógica del sentido*, Barral, Barcelona, 1970. [Ed. bras.: *A lógica do sentido*, São Paulo, Perspectiva, 2000.] Obviamente, a figura da banda de Moebius tem na psicanálise, a partir de Lacan, referências precisas. É empregada para dar conta da noção de sujeito "descolada" da noção de individualidade. Tomando essa noção num sentido muito amplo, pode-se dizer que evidencia preocupações epistêmicas similares às aqui apresentadas.

fície do nó grupal. Interessa-nos problematizar um esquema que reinstala a duplicidade do modelo arquitetônico superfície-fundações; tudo está na superfície e não existe um "hinterland" do discurso em que seja preciso buscar a verdade do expresso. A insistência do descontínuo é o que permite detectar os pontos de condensação, as dobras, os interstícios da própria superfície; mais que busca das profundidades, tornar visível o que só é invisível por estar excessivamente na superfície das coisas. Interrogar criticamente uma ideologia romântica do profundo, como unicidade oculta das significações[26].

Os discursos em grupo – mais que outorgar alguma certeza de que nas profundezas deve estar um sentido oculto, um único, e sabiamente escondido entre simulacros de superfície – põem em jogo a impossibilidade de decidir se existe um segredo de verdade entre simulacros manifestos.

O acontecimento não mais como *expressão ou representação* de uma estrutura subjacente: desejante, econômica, social, institucional, mas como produção de múltiplos sentidos e alguns sem-sentidos: enodando e desenodando inscrições desejantes, econômicas, sociais, institucionais.

Não mais uma análise que vá dos fatos manifestos a seu núcleo interior e oculto, mas, antes, a escolha de um percurso que pontua insistências-latências, tudo ali, nessa superfície de discursos; múltiplos fluxos cons-

....

26. Terán, O., em M. Foucault, *El discurso del poder*, Folios, Buenos Aires, 1983.

O nó grupal

tituem o acontecimento, múltiplas inscrições formam o nó grupal; múltiplos sentidos, mas também os jogos do sem-sentido, a estranheza e o paradoxo.

Por que pensar o manifesto e o latente como opostos? Expressão de uma ontologia platônica que já vem sendo revista? Para pensar essa questão pode ser útil o desafio lançado por Nietzsche-Foucault-Deleuze: a inversão do platonismo; isso significa problematizar grande parte dos *a priori* a partir dos quais se pensa a vida, valorizam-se os atos, organizam-se os saberes.

Crise da teoria da representação-expressão; mito da caverna reproduzido sem descanso, segundo o qual um mundo sensível – mera aparência – é representação ou expressão deformada de essências verdadeiras; mundo de imagens que são cópias ou simulacros da Idéia. Revisar um conteúdo manifesto do eterno retorno que, para o platonismo, significa organizador do Caos; eterno retorno do devir louco, destinado a copiar o eterno[27].

Tentamos pensar os acontecimentos sem renunciar à análise das legalidades grupais. A busca da estrutura grupal da qual os dinamismos e processos grupais seriam efeito foi uma forma – estruturalista – de pensar sua legalidade[28]. Essa leitura conferiu visibilidade aos assujeitamentos que tornam possíveis a reprodução, a repetição; mas sempre teve grande dificuldade de pensar a diferença, a invenção, o descontínuo, a singularidade do acontecimento.

· · · · · · · · ·

27. Deleuze, G. *Op. cit.*
28. Bohoslavsky, R. *Op. cit.*

194
O campo grupal

Sumamente ilustrativo desse ponto é o pensamento de M. Foucault:

Toda uma geração esteve durante muito tempo num beco sem saída, pois, na esteira dos trabalhos dos etnólogos, estabeleceu-se essa dicotomia entre as estruturas por um lado – o que é pensável – e o acontecimento, lugar do irracional, do impensável, do que não entra e não pode entrar na mecânica analítica, ao menos na forma que o método analítico adotou no interior do estruturalismo.
O estruturalismo foi sem dúvida o esforço mais sistematizado para eliminar o conceito de acontecimento das ciências, inclusive da história. É importante não fazer com o acontecimento o que se fez com a estrutura. Não se trata de colocar tudo num mesmo plano, que seria o do acontecimento, mas de considerar cuidadosamente que existe toda uma estratificação de tipos de acontecimentos diferentes, que não têm nem a mesma importância nem a mesma capacidade de produzir efeitos.
O problema consiste, ao mesmo tempo, em distinguir os acontecimentos, em diferenciar as redes e os níveis a que pertencem e em reconstruir os fios que os atam e que os fazem enfrentar-se mutuamente.[29]

Então, tudo está – ali – latejando. No entanto, nem todo acontecer ganha o mesmo grau de visibilidade, nem toma forma de enunciado; tampouco suas insistências são registradas por todos os integrantes da mesma maneira. De que depende que no fluxo de

....

29. Foucault, M. _La microfísica del poder_, La Piqueta, Barcelona, 1980.

O nó grupal

195

ocorrências advenha um acontecimento? Se acontecimento é produção de sentido, dependerá das figuras que o caleidoscópio identificatório-transferencial invente; das implicações em que a coordenação se afete, do momento em que se encontre a produção de ilusões, mitos e utopias grupais; do contrato enquanto organizador institucional explícito e implícito; de seus atravessamentos sócio-históricos.[30] Essas implicações organizam o universo de significações que será diruptиvamente atravessado pela produção da singularidade de sentido.

Em suma, não se trata de orientar a reflexão para um indeterminismo ou para o mero acaso contingente do acontecer grupal, mas de poder *pensar os jogos de múltiplas marcas; não remeter ao incausado, mas à coexistência de quase-causas*[31].

E. Lugar do coordenador

O que foi exposto até aqui leva a revisar certos aspectos de uma teoria da leitura que, embora de forma implícita, muitas vezes opera no trabalho interpretativo dos coordenadores de grupo. Aquilo que circula no plano discursivo, gestual, psicodramático, os silêncios, a organização dos espaços e tempos grupais etc., costuma ser interpretado desde uma particular teoria da leitura

....

30. Essa enumeração não pretende ser excludente de outras implicações.
31. Deleuze, G. *Op. cit.*

196 _____ *O campo grupal*

segundo a qual os acontecimentos grupais seriam *expressão* de *um* sentido oculto, profundo, que a interpretação deve desvelar e, nesse ato, trazê-lo à superfície. Está em jogo aí uma teoria da representação que, nas palavras de Castoriadis, conserva remoras platônicas[32].

O acontecimento não representa nem expressa; está todo ali, em tamanha imediatez que costuma se tornar invisível. Caso se aceite que o nó grupal está atravessado por múltiplos sentidos e mais de um sem-sentido, eles sempre excederão aqueles que a implicação interpretante permite apontar; o coordenador só poderá pontuar um ou outro sentido, interrogar uma estranheza, ressaltar um paradoxo, indicar alguma insistência, e não será mais quem descobre a verdade do que acontece no grupo.

Ao ressituar a função interpretante, do lugar desvelador de verdades profundas para a pontuação interrogante, a outra cena já não é uma cena escondida; estava ali o tempo todo, lateja, insiste, e mesmo assim sua presença muitas vezes permanece denegada. Isso certamente redefine um certo lugar de "poder" do coordenador.

Como vimos no capítulo IV, quando os psicanalistas incorporaram ao seu trabalho com grupos regras técnicas e conceitos teóricos do dispositivo psicanalítico, além de abrir o campo da clínica grupal produziram uma importante descentralização. Criaram as condi-

....

32. Castoriadis, C. *La institución imaginaria de la sociedad*, Tusquets, Barcelona, 1983.

O *nó grupal*

ções para que fosse possível separar o lugar da coordenação do das lideranças, superando grande parte dos efeitos de sugestão e do tipo de violência simbólica que ela implica. Os requisitos para tal descentralização foram especificados por Bauleo em 1973 quando, às já estabelecidas condições de neutralidade que o dispositivo analítico trouxera, acrescenta a exigência de que o coordenador devolva as lideranças, não se aproprie das produções grupais e elabore, desde o próprio momento da formação do grupo, sua perda. Adverte também que expressões tais como "meu grupo" utilizadas por um coordenador expressavam, mais que alusões identificatórias, um desejo inscrito em critérios ideologizados de propriedade[33].

Essas sucessivas pontualizações redefiniram o lugar da coordenação com respeito ao coordenador-líder da microssociologia. De qualquer forma, outro problema permaneceu em aberto: ao organizar a leitura dos acontecimentos grupais desde uma teoria da representação-expressão, criaram as condições para reinvestir o coordenador em figura de poder; dessa perspectiva, este fica posicionado num lugar de "saber o que acontece com o grupo"; tal coordenador não é mais um líder, mas fica investido no papel de *coordenador-oráculo*; só ele consegue ler o sentido dos efeitos de estrutura.

Atualmente, outra descentralização torna-se possível na medida em que a função interpretante se propõe

. . . .

33. Bauleo, A. "Notas para la conceptualización sobre grupo", em *Contrainstitución y grupos*, Fundamentos, Madri, 1977.

a pontuar insistências, interrogar estranhezas, ressaltar sem-sentidos, enunciar paradoxos etc. Eles latejam-insistem nos textos grupais. Do lugar de sua implicação – e não fora dela –, o coordenador só registra alguns. Portanto, função interpretante realizada desde um lugar de ignorância. Desse modo, outro requisito irá se somar aos já enunciados: *a renúncia ao saber da certeza.*

Múltiplos sentidos e alguns sem-sentidos que circulam entrecruzados no acontecer grupal; a intervenção interpretante, ao pontuar alguns deles, tenta evitar o fechamento-obturação que toda evidência de verdade produz. Dessa forma, a coordenação torna possível aberturas para novas produções de sentido. Os integrantes compaginam assim diversas formas de textos grupais e produzem seus jogos identificatórios e suas significações imaginárias. O coordenador não é o possuidor de uma verdade oculta, mas um interrogador do óbvio, provocador-disparador e não proprietário das produções coletivas; alguém que mais que ordenar o caos do eterno retorno[34] *busca a posição que facilite a capacidade imaginante singular-coletiva.*

F. A dimensão institucional dos grupos[35]

As reflexões feitas na seção C deste capítulo com respeito às relações entre as significações imaginárias

....

34. Deleuze, G. *Op. cit.*
35. Uma primeira versão desta seção e da seguinte pode ser encontrada em *Lo Grupal 7*, Búsqueda, Buenos Aires, no prelo.

grupais e o imaginário social referem-se sem dúvida a situações políticas limite, que constituíram verdadeiros traumas sociais. Poder-se-ia levantar uma pergunta: tão particular relação de texto e contexto é privativa de situações sociais limite ou, pelo contrário, é uma constante do funcionamento dos grupos? O que indagamos é se tal ligação do grupo com os acontecimentos da realidade "exterior" só ocorre quando o social adquire um significativo nível de turbulência ou se está relacionada com uma constante de seu funcionamento. Na verdade, poder-se-ia pensar que esse entrelaçamento é constitutivo do grupal.

Embora essa opinião deva vir a se fortalecer com futuras indagações, é preciso reconhecer que, mesmo mantida como hipótese, esta não é uma maneira habitual de pensar a relação dos grupos com seu contexto; na verdade com muita freqüência opera como um impensável do grupal. Talvez, *especularmente capturados nos grupos voltados para si mesmos, sua presença só se tornou visível nas formas limite do social.*

O social sinistro não só começou a refutar com insistência o artifício dos grupos-ilha como também mostrou a necessidade de refletir – para além de situações conjunturais – sobre as formas permanentes de relação entre o grupal e o social. Uma delas é, sem dúvida, a *dimensão institucional*[36].

....

36. Foi nesse sentido que, já em "El dispositivo grupal", afirmamos que *os grupos não são ilhas* uma vez que estão sempre inscritos em instituições e neles operam múltiplos atravessamentos. Ver A. Fernández-A. del Cueto, "El dispositivo grupal", em *Lo Grupal 2*, Búsqueda, Buenos Aires, 1985.

É inegável que as instituições suprem diversas necessidades de uma sociedade; sem entrar aqui na complexidade do caráter arbitrário – não natural – das necessidades sociais, pode-se dizer que a dimensão institucional não se esgota em seus aspectos funcionais. *Tende a normatizar o tipo de enunciado que é pertinente em cada uma delas, autorizando alguns e excluindo outros*[37]; por mais forte que seja sua inércia burocrática, não é uma coisa, seus limites são sempre provisórios e sempre é possível deslocá-los nos jogos instituintes. Nesse sentido, *uma instituição é uma rede simbólica socialmente sancionada na qual se articula, junto com seu componente funcional, um componente imaginário*[38].

A partir dessa noção de instituição[39], pode-se pensar os grupos desenrolando-se no imaginário institucional em que inscrevem suas práticas; o imaginário institucional tanto pode promover como dificultar as atividades de grupo. É nesse sentido que se considera restritivo ler todos os processos que acontecem num grupo apenas desde os chamados dinamismos próprios de um grupo ou desde o produto das ressonâncias fantasmáticas das singularidades que compõem tal coletivo.

Quando, em 1984, ao retomar a docência universitária, propusemos, como uma das primeiras instruções

. . . .

37. Altamirano, C. "Ideología y sensibilidad postmodernas; sobre la condición postmoderna de J. F. Lyotard", *Rev. Punto de Vista*, 25, Buenos. Aires, 1985.

38. Castoriadis, C. *Op. cit.*

39. Para ampliar as distintas noções de Instituição, ver R. Montenegro, *Contextos de referencia y sentidos del término Institución*, Fac. de Psicologia, Departamento de Publicações, UBA, Buenos Aires, 1988.

O nó grupal

para os trabalhos práticos de uma cátedra que estava sendo organizada, que os alunos se sentassem em círculo e se apresentassem, esta mínima instrução de começo de uma atividade grupal produziu diversos efeitos de confusão e pânico, que configuraram uma verdadeira situação coletiva.

Durante a ditadura, o anonimato e a serialidade eram a forma de preservar a vida nos cursos universitários. Embora o perigo real tivesse passado, operava no imaginário institucional mantendo determinadas significações imaginárias que impediam qualquer agrupamento, identificação individual etc.

Aqui talvez fosse pertinente outra reflexão. O exemplo que antecede leva a marca do social sinistro; no entanto, algumas questões relacionadas com o que nele se relata podem ser encontradas em outras situações mais cotidianas. Quando se implementam dispositivos grupais em instituições escolares primárias – e mais freqüentemente secundárias –, ao dar a instrução de se agrupar em círculo, costumam aparecer piadas, risos, olhares cúmplices entre os alunos etc.; nesses casos, eles costumam explicitar o risco que o dispositivo montado oferece, uma vez que ficam todos submetidos a um olhar de controle por parte do docente. Essa significação imaginária de *"panóptico grupal"*, embora esperável em instituições disciplinares, não deixa de pegar de surpresa coordenadores de formação grupalista clínica. *Contrastam ali duas dimensões diferentes do referente institucional.* No grupalismo, o propósito da organização circular do espaço baseia-se na intenção de favorecer determinado tipo de enlaces-desenlaces das subjetividades que, supostamente, será propiciado ao estarem todos à vista de todos. No entanto, para os alunos – integrantes da instituição escolar – isso se inscreve num eventual propósito de vigilância e controle.

Uma pergunta surge necessariamente. Essa figura do "panóptico grupal" será exclusiva de significações imaginárias de grupos inscritos em instituições disciplinares? Também se formará nos dispositivos clínicos? Em caso afirmativo, que impensáveis de nossas práticas tornam-na invisível para o coordenador? Que violência intangível silencia sua enunciabilidade nos integrantes do grupo?

O imaginário institucional pode promover ou incentivar a produção grupal; por exemplo, um grupo de transferência positiva com a instituição na qual inscreve suas práticas pode operar movimentos grupais que favoreçam ou incentivem sua produtividade. Em sentido contrário, pode-se observar que existem grupos que atingem seus momentos de maior desdobramento produtivo a partir de utopias grupais fortemente contra-institucionais. Encontramos muitos exemplos disso nas instituições manicomiais, onde equipes profissionais "de ponta" tentam transformar a situação de alguma ala. É só com uma utopia de transformação da instituição que esses pequenos coletivos – geralmente isolados – conseguem enfrentar os paradigmas organicistas e as políticas sanitárias da psiquiatria clássica. Só com um projeto severamente contra-institucional no que se refere ao manicômio é que conseguem sustentar práticas cercadas de tanta adversidade.

Linhas acima dissemos que a dimensão institucional transcende os edifícios. Enquanto rede simbólica que articula componentes funcionais e imaginários, sua presença nos grupos pode ter diferentes graus de visibilidade ou invisibilidade. Por exemplo, poder-se-ia supor que nos grupos psicoterapêuticos ou de formação que não inscrevem sua prática em instituições públicas a dimensão institucional no grupo não tenha grande relevância. No entanto, no circuito profissional privado essa dimensão se constitui a partir do sistema de regras que o coordenador institui conformando um sistema simbólico. Coordenação e sistema de regras operam como disparador do imaginário e criam algumas das condições necessárias para que esse grupo comece a desenhar suas próprias formações grupais.

Por outro lado, a filiação do coordenador a determinadas instituições teórico-profissionais é uma dimensão institucional no grupo "privado" que não deve ser subestimada. O coordenador é investido como o "representante" delas no grupo. Desse modo, o sistema de avais dados à coordenação ou sua desqualificação costuma operar como mediação de avais dados àquelas instituições ou de sua desqualificação. Nesse sentido, a coordenação suporta não só os movimentos transferenciais classicamente estudados pela psicanálise, mas também todo tipo de transferências institucionais.

As instituições fazem parte das redes do poder social. Em circuitos macro ou micro, a instituição constitui um fator de integração em que as relações de força se articulam em formas: *formas de visibilidade* como aparelhos institucionais e *formas de enunciabilidade*, como suas regras. Enquanto figura intersticial, a instituição será um lugar onde o exercício do poder é condição de possibilidade de um saber e onde o exercício do saber se transforma em instrumento de poder; nesse sentido, é um lugar de encontro entre estratos e estratégias; lugar onde arquivos de saber e diagramas de poder se mesclam ou são interpretados sem se confundir[40].

A inscrição institucional dos grupos constitui, nas palavras de Lapassade, seu impensado, o negativo, o invisível, seu inconsciente.

O que queremos ressaltar é que as produções de um grupo nunca dependerão exclusivamente da particular combinatória de identificações, transferências, ressonâncias fantasmáticas etc. entre seus integrantes. Tampouco será mero reflexo o cenário em que o imaginário institucional poderá se manifestar. Em cada grupo, a combinatória de suas diferentes inscrições produzirá um nó próprio singular irredutível.

Desse modo, pretendemos inscrever o grupal no institucional, sem perder o específico da grupalidade. É necessário sustentar tal especificidade sem fazer dos grupos ilhas e, ao mesmo tempo, tomar como vetor de análise a dimensão institucional. Pensamos, antes, num movimento em que grupo e instituição se significam e re-significam mútua e permanentemente. Porque, embora não haja grupos sem instituição, que instituição

....

40. Morey, M. Prólogo de G. Deleuze, *Foucault*, Paidós, Buenos Aires, 1987.

O nó grupal

poderá ser aquela que não seja habitada por grupos, ora aliados, ora antagônicos; em conflito ou dando origem, por sua vez, a redes solidárias; oscilando entre os caminhos da burocratização, repetição, dissolução ou invenção e nascimento do novo? Em suma, *um grupo se inscreve num sistema institucional dado, assim como a instituição só vive nos grupos humanos que a constituem.*

G. Alguns impensáveis

Como a instituição opera efeitos num grupo? É importante assinalar que as *normas de funcionamento*, a *coordenação* e o *contrato* são os indicadores do sistema simbólico-institucional em que um grupo se inscreve. Esse sistema: normas de funcionamento, formas de coordenação e contrato, opera num sentido explícito-funcional; no entanto, sua normatividade também terá eficácia como disparador de significações imaginárias grupais.

Normas de funcionamento

Embora tenham uma operatividade evidente, uma vez que permitem que um grupo se organize, o nível de eficácia das normas de funcionamento que se deseja sublinhar aqui não é esse, e sim seus efeitos implícitos que latejam-insistem, produzindo significações imaginárias em que se atravessam diversas inscrições (identificatórias, transferenciais, transgressivas, ideológicas, jogos de poder etc.).

Numa montagem psicodramática com fins pedagógicos, um grupo de alunos escolhe dramatizar uma primeira reunião de "um grupo de obesos anônimos". Cada um se apresenta, diz por que está ali, que expectativas tem dessa atividade etc. Ao encerrar a reunião, a pessoa que ocupou o papel de coordenadora dá alguma idéia de como irão trabalhar, explicita as normas de funcionamento: freqüência de reunião semanal, duração da reunião, lugar da instituição onde serão realizadas as reuniões etc.; solicita pontualidade, recomenda passar na secretaria para pagar as taxas, despede-se "até terça que vem" e termina a reunião. Quem coordena a dramatização solicita um solilóquio aos participantes, que, na sua maioria, comentam o que a última intervenção da coordenadora do grupo de obesos disparou. Alguns explicitam impressões de proteção, outros de incômodo ante a menção de taxas, ilusão de estar num bom lugar, sensações muito variadas de desconfiança, de prisão, de contenção, etc. Quando a dramatização termina e se abre a rodada de comentários dos alunos que tinham ficado observando o exercício psicodramático, suas intervenções também se orientam principalmente nessa direção. Alguns dos alunos que tinham se mantido como observadores da cena ficam surpresos ao se perceberem implicados na dramatização como se tivessem participado dela. Também ficam impressionados com o fato de que uma mesma intervenção da coordenadora tenha gerado, tanto nos que dramatizaram como nos que observaram, impressões tão díspares. Como se pode notar, a pessoa que ocupava o papel de coordenadora do grupo de obesos, ao explicitar as normas de funcionamento, cria as condições operativas mínimas para que haja a possibilidade de organizar o funcionamento futuro do grupo de obesos. Este é sem dúvida um nível de eficácia desse conjunto de normas. Junto com essas normas, são disparados outros efeitos que no exercício relatado adquirem forma explícita devido ao solilóquio solicitado, mas que habitualmente podem circular de forma implícita produzindo significações imaginárias em que se atravessam diversas inscrições.

Queremos ressaltar a coexistência de posicionamentos singulares dos distintos integrantes. O fato de que algumas impressões pudessem adquirir certo grau de generalidade ou consenso em hipotéticas futuras reuniões não suprime as particularidades. Tampouco é condição para a construção de significações imaginárias que as posições dos integrantes sejam homogêneas. Dos múltiplos sentidos que os textos grupais disparam, os movimentos grupais costumam cristalizar alguns, dando origem aos mitos, ilusões e utopias desse pequeno coletivo. Ainda assim, isso não significa que os posicionamentos se tornam homogêneos; sugere apenas que no grupo entraram em jogo atos de nomeação, processos de produção e apropriação de sentido, narrativas, metaforizações etc. Ou seja, que *esse coletivo criou as condições para as dobras e desdobramentos de suas ações, seus relatos e suas afetações; suas invenções e suas políticas, seus consensos e seus dissensos.*

A coordenação

O tema da coordenação extrapola amplamente o nível explícito funcional, operando a partir de múltiplas eficácias simbólico-imaginárias. Esse ponto convida a repensar dois problemas:

- a relação entre as formas de coordenação e seus possíveis lugares de poder;
- a caracterização dos movimentos transferenciais nos grupos.

No tocante ao primeiro ponto, deve-se assinalar que os *possíveis lugares de poder* que a coordenação pode ocupar variam segundo a forma de coordenação adotada. É importante esclarecer que a menção desse possível lugar de poder não supõe que este seja o único lugar de poder dentro de um grupo, nem o mais significativo. É tão-somente um dos possíveis[41].

Na seção E, "Lugar do coordenador", expusemos a importância da descentralização produzida pela contribuição dos dispositivos psicanalíticos no trabalho com grupos. Estes, ao permitirem diferenciar a coordenação dos jogos de liderança, criaram as condições para superar grande parte dos efeitos de sugestão e o tipo de violência simbólica que caracteriza seus mecanismos de

· · · · · · · ·

41. Para uma análise das relações de poder nos grupos ver De Brasi, J. "Apreciaciones sobre la vivencia simbólica, la identidad y el poder", em *Lo Grupal 3*, Búsqueda, Buenos Aires 1986.

indução. Posteriormente, pontualizamos que a devolução da liderança ao grupo deve vir acompanhada da elaboração por parte do coordenador da renúncia ao grupo desde o próprio começo da atividade.

Essas sucessivas demarcações tornaram possível delimitar um lugar da coordenação já definitivamente diferenciado do perfil de coordenação que durante anos a microssociologia havia instituído. Daquele coordenador-líder a um coordenador-oráculo: só ele sabe o que o grupo diz quando seus integrantes falam.

Também levamos em consideração outra descoberta que opera na atualidade demarcando outro espaço para o lugar da coordenação e da função interpretante. Forma de interpretação que pontua insistências, interroga estranhezas, ressalta sem-sentidos e paradoxos. Lugar de coordenação que renuncia a um saber de certezas, evita o fechamento de sentidos que as evidências de verdade produzem para situar a coordenação na posição que facilite a capacidade imaginante singular-coletiva.

Ante esse modo alternativo que a coordenação adquire, é importante pontualizar algumas questões. Em primeiro lugar, não se deve confundir essa renúncia ao saber da certeza com hesitações ou ambigüidades nas intervenções da coordenação. Renúncia a uma forma de certeza e não abandono da intervenção interpretante. Em segundo lugar – e em função do que foi dito anteriormente –, essa renúncia não exime aquele que se posiciona como coordenador de uma formação específica nos conhecimentos teóricos e técnicos que o legitimem para sua função[42]. O que está em jogo aqui é outro modo de intervir, outra noção de interpretação. É com base nessa reformulação que se desenha uma coordenação que intervém desde outro lugar. Para isso, faz-se necessária uma observação permanente, por parte do coordenador, de seu lugar e uma rigorosa formação especializada em grupos.

Por que essa insistência em que a coordenação não fixe sentidos? A renúncia ao saber da certeza funda-se, no entanto, *numa certeza*. Aquela que outorga às gestões dos coletivos humanos a capacidade de imaginar e transitar seus próprios caminhos. Caminhos a inventar nos cursos e recursos de sua *dimensão ilusional*: dobras em suas ficções e desdobramentos de suas ações, a partir de suas utopias[43]. Duplo e incessante movimento que romanceará seus relatos, caracterizará suas práticas e os implicará na História.

Quanto à *caracterização dos movimentos transferenciais nos grupos*, é óbvio que a coordenação produz efeitos de eficácia induzindo e oferecendo-se para a produção de amplos e variados movimentos transferenciais[44]. Mas é importante deter-se um momento nesse ponto

. . . .

42. Fernández, A. M. "Legitimar lo grupal? Contrato público y contrato privado", em *Lo Grupal 6*, Búsqueda, Buenos Aires, 1988.

43. Note-se que se põem em jogo aqui duas instâncias da dimensão ilusional: aquela que promove seus aspectos mais ficcionais e aquela produtora de utopias. É importante fazer essa distinção dada a força que teve em nosso meio a tendência a reduzir o ilusional aos enganos da imaginação.

44. Albizuri de García, Olga, "La transferencia en grupos psicoterapéuticos de Psicodrama Psicoanalítico", *Revista Argentina de Psicología y Psicoterapia de grupo*, tomo XI, n.os 3-4, Buenos Aires, 1988.

porque aqui não se movem – como apontamos linhas acima – apenas movimentos transferenciais, no sentido psicanalítico que habitualmente se dá a esse termo. Na verdade, para a figura do coordenador não só são transferidas imagos familiares, mas também transferências institucionais; assim, muitas vezes ele é vivido como o "representante" da instituição onde o grupo inscreve sua prática. E o que é mais importante, essas transferências institucionais *não atualizam necessariamente familismos edípicos*, mas transferem dimensões atuais do conflito social. Esse critério amplo de transferência costuma ficar na invisibilidade, na leitura dos acontecimentos grupais; quando assim ocorre, produz-se um particular reducionismo; esse *"familismo transferencial" costuma se transformar num dos principais instrumentos tecnológicos dos grupos-ilha*. Instrumenta-se ali uma noção de fantasma "privatizado", isto é, esvaziado de suas possíveis afetações institucionais, sociais e políticas[45]. Criam-se, assim, as condições para descontextualizar o grupo; para que isso fosse possível foi necessário *denegar as dimensões institucionais e sociopolíticas*, ou seja, *o público*. Mas, se o contexto é texto grupal, na verdade, des-textuam, isto é, esvaziam, exilam, desterritorializam do próprio grupo a dimensão socioinstitucional que lateja nele – apesar de tudo – permanentemente.

Que dimensão é desse modo exilada, desterritorializada, denegada? Denega-se o que ilusoriamente foi posto num "fora" grupal, invisibilizando ou interpre-

....
45. Deleuze, G. e Guattari, F. *El anti-Edipo*, Barral, Barcelona, 1972.

tando familiarmente problemáticas tão específicas como, por exemplo, os jogos de poder dentro do grupo e/ou com relação à instituição, a problemática do dinheiro, os conflitos surgidos em função dos níveis de apropriação dos bens simbólicos e materiais que um grupo produz, os aspectos transformadores dos movimentos instituintes grupais, fermento transformador e não mera transgressão dos equivalentes simbólicos da proibição do incesto[46]. Em suma, *exila-se a política dos grupos – sua política – familiarizando, edipianizando suas rebeliões e suas submissões.*

A própria existência grupal implica, para subsistir, regras e obrigações; traz em si a violência que os dispositivos das Relações Humanas mascararam ou que certas narrativas psicanalíticas reduziram a espelhismos edípicos. A emergência da irredutível violência, quando se torna visível para seus integrantes, define a dimensão política do grupo, ou seja, a dimensão de sentido com respeito ao poder, cujo exercício pode ser levado a cabo através de diversas figurações e modalidades: a propriedade dos bens – sejam eles materiais ou simbólicos –, a economia dos intercâmbios, a localização das instâncias normativas ideais, os valores cognoscitivos etc.[47] O sentido se aliena nessas configurações, já que a política é – entre outras coisas – a incessante reapropriação tanto do sentido como dos pontos nos quais se

. . . .

46. Saidon, O. em G. Baremblitt (org.), "Grupos, teoria e técnica", Graal, Ibrapsi, Rio de Janeiro, 1983.
47. Kaës, R. *El aparato psíquico grupal*, Gedisa, Barcelona, 1977.

O nó grupal

articula a alienação do sentido para cada qual. De algum modo, quando se invisibiliza a política dos grupos – seus próprios jogos de poder – familiarizando, edipianizando suas rebeliões e submissões, por trás de um aparente tecnicismo asséptico se exerce uma violência: *a apropriação de sentido, que politiza, despolitizando sua leitura.*

O contrato ou a idade do capitão

"*Num barco há 26 ovelhas e 10 cabras. Qual a idade do capitão?*" Numa investigação realizada em escolas primárias francesas com alunos cuja idade variava entre 6 e 12 anos[48], de 97 alunos, 67 responderam a possível idade do capitão realizando operações com os números do enunciado. Ante essa resposta "absurda" a um problema absurdo, os investigadores construíram em seguida uma lista de problemas do mesmo tipo agregando-lhes uma pergunta: "O que você acha do problema?" De 171 alunos pesquisados, 121 responderam sem expressar qualquer dúvida sobre as características do problema proposto pelo docente. Alguns reconhecem que o problema é um pouco bobo ou estranho, mas não duvidam da sua validade e rapidamente entregam sua resposta.

O que sustenta esse absurdo?

....

48. Chevallard, I. *Remarques sur la notion de Contrat Didactique*, IREM, D'Aix, Marselha. Faculdade de Ciências Sociais de Luminy. (Agradeço a J. A. Castorina por ter-me cedido este material.)

O tipo de problema proposto põe duas lógicas em conflito: a lógica do pensamento operatório das crianças e a lógica do contrato didático. Uma, profana, lógica natural, a outra sagrada, ritual, que está inserida na trama do contrato. Sagrada por ser organizada no ritual escolar, profana por ser abandonada na porta da sala de aula.

Como se pode notar, faz-se necessária uma intervenção diruptiva – o problema "absurdo" – para que as dimensões do contrato didático ganhem visibilidade. Caso contrário, opera como um verdadeiro organizador institucional – mas também – subjetivo das práticas de alunos e docentes na escola.

O contrato didático rege a interação didática entre o professor e o aluno a propósito de um saber; os contratantes desenvolvem suas práticas numa instituição inventada para tanto. O contrato organiza para os contratantes – diz Chevallard – uma *Weltanschauung* particular, uma visão de mundo: didática; excludente e, de várias maneiras, estranha à visão de mundo na qual os indivíduos evoluem ordinariamente; *instaura-se ali uma certa concepção das coisas do mundo pedagógico que não são as mesmas fora desse mundo*. Nesse sentido, para compreender o problema da idade do capitão é necessário pensá-lo a partir do *sistema gerador de sentido que constitui o contrato didático*.

Surpreendente investigação. Também em nosso campo o contrato grupal, ao explicitar as normas de funcionamento, estabelece um acordo entre as partes, um código e seus rituais. Esta é sua dimensão explícita funcional; a partir dela são disparadas diversas significações imaginárias (ver exemplo de dramatização de obesos anônimos). Nunca tudo está dito num contrato. Suas dimensões não ditas, implícitas, operam seus efeitos em latência. A partir daí, pode-se inferir que no contrato grupal – isso poderia ser estendido aos contratos "psi" – instala-se também uma certa concepção das coisas que não são as mesmas fora daquele mundo, ou seja, produz-se um sistema de significações que constrói o contrato grupal – e lhe dá sentido.

É importante não incorrer em maniqueísmos e pôr-se a imaginar possibilidades de agrupamentos fora de contratos. Assim como sem contrato didático não há ensino nem aprendizagem possíveis, não se pode pensar dispositivos grupais fora de contratos. Eles normatizam enunciados e práticas – bem como suas lógicas – estabelecendo o que é pertinente em determinada inscrição institucional e o que não é. Portanto, ao demarcá-lo, tornam possível o campo de intervenção.

Seja como for, *qual será a idade do capitão em nossos contratos "psi"?*

Adendo
O campo grupal: cura e imaginário social*

> *O universo da significação fecha qualquer*
> *possibilidade de acesso*
> *à singularidade do sentido.*
>
> Jean Oury

I

O campo grupal se desenrola no complexo trabalho de desmontar duas ficções, sempre recorrentes: a ficção do indivíduo (sujeito indiviso de consciência) que impede pensar qualquer a mais grupal, e a ficção do grupo como intencionalidade, que permite imaginar que tal a mais grupal estaria no fato de que esse coletivo – como unidade – possui intenções, desejos e sentimentos.

A análise crítica dessas ficções implica a revisão permanente dos paradigmas teóricos e das práticas grupais que são instituídas.

Essa permanente revisão dos critérios teóricos e dos dispositivos desenhados constituiu uma constante epistêmica de nosso trabalho com grupos. Dessa perspectiva, abordaremos nesta exposição uma série de con-

---

* Exposição apresentada no V Congresso Metropolitano de Psicologia. Buenos Aires, 1989.

siderações apoiadas numa interrogação: o que instituímos quando instituímos grupos?

Os dispositivos grupais, enquanto espaços táticos, podem ser desenhados e implementados de modos muito diferentes.

Se por cura entendemos aquele operador conceitual – mas também ético – que permitiu dissociar as intervenções "psi" dos discursos e dispositivos do tratamento médico, mas também aquele conjunto de noções que permitem questionar uma intervenção "psi" por seus eventuais efeitos de sugestão, supressão de sintomas, ortopedias do eu, maternagens terapêuticas etc., a problemática da cura abre no campo grupal várias questões específicas. Embora tais questões costumem se fazer mais evidentes no delineamento do lugar de coordenador, atravessam todo o dispositivo grupal.

O lugar da coordenação se institui pela renúncia à liderança e ao saber-certeza do que acontece num grupo. Implica, portanto, criar condições para superar os efeitos de sugestão e o tipo de violência simbólica que caracteriza seus mecanismos de indução. Suas intervenções pontuam insistências, interrogam estranhezas, ressaltam sem-sentidos e paradoxos de modo tal que, ao interrogar o universo de significações circulantes, cria condições de acesso à singularidade de sentido.

A questão da articulação singular-coletivo que supera a antinomia indivíduo-grupo, assim como a redefinição da latência grupal como aquilo que lateja-insiste nas dobras da superfície, permitem escapar de alguns lugares-comuns nas práticas grupais, tais como interpretar o grupo, ler estruturas subjacentes, buscar um inconsciente grupal etc. Evita igualmente sobreimpressões de efeito-massa, que, na realidade, mais que uma característica essencial ou inerente aos dispositivos grupais, é um efeito produzido por um tipo particular de coordenação que confunde o coletivo com o homogêneo e busca o idêntico onde deveria encontrar ressonâncias de singularidades.

Quando os dispositivos grupais trabalham com montagens de cenas (psicodrama psicanalítico), torna-se imprescindível um trabalho que evite a cena como catarse, expressão de sentimentos e/ou exibição, isto é, é necessário desmontar as significações que transformam em sinônimos cura e descarga. Festivais narcisistas, coordenador-mago, animadores grupais são as denominações com que alguns colegas[1] caracterizaram essas formas de trabalho com grupos com as quais vimos polemizando faz muito tempo.

Essas sinonímias costumam estar apoiadas em ideologias que valorizam a espontaneidade e a criatividade, frutos dos "bons" vínculos, escamoteando a irredutível violência em relações humanas não conflituosas.

A preocupação com a montagem de dispositivos grupais eficazes em criar condições para a gestão e a produção coletiva *versus* a manipulação e a sugestão dos coletivos humanos – bem denunciada já faz tempo

....

1. Albizuri de García, Olga. "Riesgos del grupalismo y del psicodramatismo". Gili, E. e Percia, M. "El riesgo del psicodramatismo. Apuntes para un debate interno". Em *Rev. Arg. de Psicodrama y Técnicas Grupales*, nº 4, Buenos Aires, 1987.

por Pontalis –, é um debate teórico-técnico, mas também ético, plenamente atual no campo grupal. Assim, muitos trabalhos de elucidação sobre o lugar do coordenador revelam esse tipo de interesse: como criar, desde a coordenação, condições de possibilidade para a produção coletiva, como evitar cair na sugestão, na manipulação; em suma, como não induzir. Essas indagações surgem de uma convicção: a de que os pequenos grupos são pensados como espaços virtuais de produção coletiva. Nesse sentido, o coordenador não é quem decifra ou traduz uma verdade oculta, mas alguém que interroga o óbvio (universo de significações). Provocador ou disparador, mas não proprietário das produções coletivas, alguém que, mais que presenciar o desfile de jogos especulares num cenário grupal, se implica ao *criar condições para que, a partir do universo de significações que circulam num grupo, seja possível chegar a diversas singularidades de sentido.*

Em suma, posição que vacila em sua neutralidade, mas insiste nela permitindo identificações e transferências em rede.

A complexidade do lugar do coordenador, bem como a especificidade teórico-técnica dos dispositivos grupais, torna necessário um processo de formação do coordenador, cuja complexidade nem sempre é bem visualizada. Para sustentar um posicionamento de coordenador de grupo é necessária uma formação específica, e não agregar algumas técnicas ou jogos à formação preexistente. Inclui, além da formação teórica multidisciplinar, uma experiência prolongada num grupo terapêutico ou de formação; adquirir o ofício da coordenação supõe tanto a passagem por experiências grupais como formação teórica específica.

As formas de coordenação criticadas linhas acima costumam ser recursos malsucedidos por falta de formação especializada.

Esses são alguns dos requisitos de confiabilidade que, da perspectiva em que nos baseamos, é necessário instrumentar ao desenhar dispositivos grupais. Tais requisitos não estão excluídos dos desenhos grupais na área da clínica. Muito pelo contrário, são condições de formação e coordenação de todo dispositivo grupal.

Nesse sentido, outro requisito que poderia ser acrescentado aos já enunciados é que quem instrumentaliza esse tipo de prática, junto com o treino para pensar em cenas, vá organizando uma particular disposição: a produção permanente de diferentes desenhos de intervenção. Essa capacidade imaginante implica o desenvolvimento de outra disposição: a elucidação crítica dos instrumentos que são instituídos evitando sua autonomização numa pragmática.

Se esses requisitos são inerentes a todo dispositivo grupal que afirme as prioridades antes assinaladas, a dimensão institucional – esse impensável dos grupos, segundo Lapassade – atravessa suas produções marcando de maneira particular suas formações. Nesse sentido, faz-se necessário assinalar que a inscrição institucional na qual um dispositivo grupal desenrola suas ações e suas ficções produz efeitos que, embora tenham sido invisibilizados por uma "dinâmica de grupo", possibilitaram nos dias atuais importantes reflexões teóricas e técnicas.

Estas são – numa síntese muito concisa – algumas das linhas de debate que hoje são desenvolvidas no interior do campo grupal nos avatares de sua legitimação.

II

Outro ponto que interessa abordar nesta exposição refere-se à implementação de dispositivos grupais clínicos em serviços hospitalares.

Essa implementação não se esgota com "criar grupos psicoterapêuticos". Os grupos em série ou série de grupos resolvem um único problema: a quantidade de pacientes abordados, mas não a qualidade e continuidade dos atendimentos. Se a oferta for grupal, para que seja efetiva deve estar assentada em uma *organização também grupal*[2]. Isso significa que o conjunto de profissionais envolvidos deve se instituir como equipe, ou seja, desenhar coletivamente os dispositivos a serem implementados, avaliar seu desenvolvimento, trabalhar como conjunto em suas atividades de formação, analisar as demandas que recebe, elaborar suas estratégias e políticas institucionais com outros serviços e com a comunidade, participar da gestão das políticas em saúde etc.

A instituição de equipes hospitalares deveria tender a uma integração multidisciplinar, na qual enfer-

....

2. Fatala, N. "Psicodrama en Instituciones: Perpetuación o transformación", Mesa-redonda, *Rev. Arg. de Psicodrama y Técnicas Grupales*, n° 3, Buenos Aires, maio de 1988.

meiros e assistentes sociais, caso não predomine uma noção restritiva de seu lugar institucional, desempenham um papel de destaque. Isso implica, evidentemente, repensar as territorializações – muitas vezes excessivas – de nossa prática.

Uma equipe supõe, ademais, a periódica instituição dela mesma como grupo, criando um espaço para pensar a si mesma em seus sucessos e suas dificuldades, em seus conflitos, em seus atravessamentos, políticas etc. É importante diferenciar essa proposta de algumas concepções que estimulam um grupismo nas equipes e que tende a produzir narrativas afetivo-familistas do seu acontecer.

Quando algo de tudo isso consegue ser implementado, é interessante constatar que as equipes adquirem uma dinâmica muito particular em que inventam desenhos de intervenções de todo tipo: grupos de admissão, trabalhos comunitários, grupos de reflexão, assembléias de ala, grupos de leitura de jornais, oficinas expressivas, atividades de horta etc. As supervisões em dispositivos psicodramáticos colaboram substancialmente para essa modalidade[3]. Criam-se melhores condições para escutar demandas da comunidade que vão além do assistencial e, se o território não foi compartimentado com excessiva violência, estabelecem-se relações com outros serviços de interesse mútuo.

Em suma, interessa sublinhar duas idéias:

....

3. Fatala, Nelly. *Op. cit.* Também Kononvich, B. "Psicodrama comunitario con psicóticos", Amorrortu, Buenos Aires, 1981.

– uma oferta de grupos pressupõe uma organização grupal do serviço;

– tal oferta e tal organização desenham seus dispositivos, suas necessidades de formação, a partir da especificidade da instituição onde inscrevem suas práticas.

Para transformar essas tendências gerais no cotidiano de um serviço, as dificuldades são de todo tipo; das mais gerais que implicam se afastar de fortes padrões da cultura hospitalar, em que oferta e demanda se baseiam em critérios médicos de tratamento, passando pela instabilidade das equipes por participação de profissionais *ad honorem*, pelas inércias burocráticas, pela falta de verbas etc.

Além dessas dificuldades gerais, queremos destacar um obstáculo particularmente efetivo na organização grupal dos serviços: um peculiar imaginário "psi" que torna invisível o específico do espaço público e trata de reproduzir em espelho os dispositivos e contratos privados[4].

III

Antes de começar a desenvolver as reflexões a esse respeito, faz-se necessário esclarecer o uso que se dá ao termo imaginário nesta exposição. Esse termo não é utilizado aqui em sua acepção psicanalítica. Pelo contrário, trabalhamos com a acepção que nos últimos nos vem adquirindo em História e Ciências Sociais.

....

4. Vélez de Gallegos, Edith. "Algunas reflexiones acerca de los obstáculos al intercambio en el ámbito institucional", *Rev. Arg. de Psicodrama*, n° 2, Buenos Aires, 1987. Também Fernández, Ana M. "¿Legitimar lo grupal? (Contrato público y contrato privado)", em *Lo Grupal 6*, Búsqueda, Buenos Aires. 1988.

A que se alude com o termo Imaginário Social? Esse termo, de uso freqüente mas ambíguo na História das Mentalidades, é precisado por C. Castoriadis[5] para se referir ao conjunto de significações mediante as quais um coletivo, um grupo, uma sociedade se instituem como tais, inventando não só suas formas de relação social e suas formas contratuais, mas também suas figurações subjetivas. Por exemplo, a Antiguidade, para instituir a escravidão, teve de inventar, imaginar, que um grupo de pessoas fosse percebido como animais. Nesse sentido, a escravidão – como outras figuras da Grécia antiga: o cidadão, a pólis etc. – conforma o conjunto de significações imaginárias que instituíram a sociedade democrática grega como tal, estipulando o permitido e o proibido, o valorizado e o desvalorizado, o bom e o mau, o belo e o feio.

O imaginário social conta com mitos, rituais e emblemas (o imaginado ou imaginário efetivo) que tendem à reprodução desse instituído e, portanto, permitem *enodar o desejo ao poder*, e instâncias instituintes que darão lugar a práticas transformadoras e desenham as utopias (o imaginário radical) enquanto conjuntos de desejos *não enodados ao poder*.

IV

O imaginário "psi" a que nos referimos produz seus contratos, dispositivos rituais e emblemas invisi-

---

5. Castoriadis, C. *La institución imaginaria de la sociedad*, Tusquets, Barcelona. 1983. Também *Domaines de l'homme. Les carrefours du Labyrinthe*, Le Seuil, Paris, 1986. Ver Cap. VII.

bilizando a especificidade do público. Na medida em que reproduz em espelho o privado – procura-se fazer com que os tratamentos hospitalares se pareçam o máximo possível com as abordagens privadas –, produz-se uma inevitável *degradação* de contratos e dispositivos privados.

Essa degradação não parece chegar a constituir um eixo de preocupação, já que – de todo modo – essas práticas fazem parte dos atos de legitimação necessários para a instituição da emblemática profissional e possibilitam um treinamento que, embora venha a beneficiar mais o usuário privado que o hospitalar, vão outorgando um saber-fazer do profissional "psi" considerado básico. Como o Estado sempre sustentou a saúde mental na Argentina com um voluntariado *ad honorem* – somos aves passageiras, dizia um desses voluntários –, ele se inclui ativamente nesse particular pacto entre o privado e o público.

Em conseqüência disso, com a denegação da especificidade do espaço público, desperdiçam-se as potencialidades e possibilidades que este oferece; por não existirem no privado, transformam-se em impensáveis ou sua recusa as torna inviáveis.

Esse imaginário profissional que reduz o desdobramento de sua capacidade imaginante (*imaginário radical*) à reprodução de rituais e emblemas válidos para outro espaço (*imaginário efetivo*) deve encontrar alternativas que permitam suportar as tensões e contradições que essa denegação, com suas conseqüências (degradação-desperdício), produzem.

Nesse sentido, sustenta suas tensões através de um processo de redução semiológica de seus referentes teórico-técnicos mediante o qual se estabelecem complexos processos de *autonomização de seus códigos*[6]. Organizam-se vários mecanismos que, embora possam atuar separadamente em algum possível momento fundacional, operam geralmente de forma global (são distinguidos meramente para efeito de melhor compreensão):

a) Instituição de um sistema de significações que tem a particularidade de se formar num conjunto de *oposições distintivas*. Desse modo, toda prática ou proposta de trabalho é avaliada em função desse sistema de oposições; o que se organiza então é um *processo de significação*: instituição de um conjunto de significações imaginárias que estabelecem o permitido e o proibido, o bom e o mau, o belo e o feio, as práticas legitimadas e aquelas que devem ser punidas em sua transgressão.

b) Mas esse sistema de oposições que estabelece a significação não é neutro; sempre hierarquiza em prol de um dos termos do sistema de oposições. Estabelece-se um *processo de discriminação*. É importante aclarar que a significação não implica necessariamente processos de discriminação hierarquizada (mas sim de diferença), mas que, pelo contrário, a discriminação hierarquizada supõe sempre a função signo-redutora das significações.

....
6. Baudrillard, Jean. "Fetichisme et ideologie: la reduction semiologique", em *Nouvelle Revue de Psychanalyse*, n.º 2, Paris, 1970.

c) Esses processos de significação e discriminação conduzem a uma autonomia formal dos sistemas de signos: *autonomização do código*. Os referentes assim autonomizados trabalham sobre si mesmos, permitindo que tal trabalho se realize sobre um material homogêneo-homogeneizado que a autonomização do código tornou possível.

d) A redução semiológica gera uma função de coerência, sutura de contradições e limitações. Nisso reside seu poder de fascinação: institui-se a *fetichização do código*.

É interessante a observação que Baudrillard realiza a esse respeito. Afirma que o efeito de fascinação não é produzido por virtudes intrínsecas do código, mas porque o sistema de significações que estabelece permite "esquecer as diferenças".

Essa totalização permite não só esquecer as diferenças fetichizando o código, mas – ao mesmo tempo –, em sua reprodução especular, funda e perpetua hegemonias e discriminações reais[7].

Opera desde o imaginário efetivo, *instituindo as significações imaginárias num universo que impede – uma vez mais – o acesso à singularidade do sentido*. Opera assim a partir da dimensão imaginária que enoda o desejo ao poder.

....

7. Baudrillard, Jean. *Op. cit.* Também De Brasi, J. C. "Crítica y transformación de fetiches", em *Lo Grupal 6*, Búsqueda, Buenos Aires, 1988.

V

Retomando o que afirmamos na seção II, uma oferta de grupos pressupõe uma organização grupal do serviço. Isso torna possível o desenho de dispositivos de trabalho e programas de formação em função das características da instituição onde inscreve suas práticas. Se assim for, torna-se imprescindível incluir em nosso instrumento de trabalho a reflexão e ação em relação às organizações hospitalares e às características das regiões da comunidade que utilizam os serviços hospitalares em que trabalhamos.

Embora na história de suas abordagens hospitalares as intervenções "psi" – em geral – delimitaram a si mesmas em sua diferenciação das formas e valores médicos de operar com o sofrimento – e isso foi possível em função da noção de cura operando como organizador –, ainda topamos com algumas confusões que é necessário trabalhar e debater.

São duas as características da Argentina de hoje que tornam mais necessários esses debates. Por um lado, a continuidade democrática que, independentemente de suas inconsistências e debilidades, permite outra articulação entre uma comunidade profissional e o Estado. Isso torna possível e necessária nossa participação no planejamento de políticas de saúde. Por outro lado, a crise econômica, de uma dimensão ainda difícil de imaginar, vai configurando um angustiante perfil de patologias relacionadas com a violência e a carência extrema para as quais, convém reconhecer, estamos pouco preparados.

Voltando à primeira questão, qual é o lugar dos "psi" no planejamento de políticas de saúde? Qual é seu lugar, ou seja, que deve fazer por exemplo num serviço de psicopatologia infantil com relação a outra instituição, a escola, que encaminha fracassos escolares? Que ações "psi" implementar, além de "atender o caso"? Observe-se que transformar essa criança em paciente e, portanto, "colocá-la em tratamento" supõe obturar muitas questões ao mesmo tempo. Outra vez: *um universo de significações impede a possibilidade de captar a singularidade do sentido.*

Se não pensarmos o lugar social e político dos "psi" – independentemente das preferências pessoais – no planejamento de políticas de saúde, se não pensarmos seu lugar ante diversas demandas da comunidade, para além do assistencial, se restringirmos nossos dispositivos à assistência de pacientes, ainda que esta cumpra todos os requisitos teórico-técnicos, o fantasma da noção médica de tratamento que expulsamos triunfalmente mediante a conceituação teórica volta a se insinuar pela pequena mas implacável fresta das práticas cotidianas.

Impressão e acabamento
Rua Uhland, 307 - Vila Ema
03283-000 - São Paulo - SP
Tel/Fax: (011) 6104-1176
Email: adm@cromosete.com.br